★★★★★
미국 배당주 투자지도

서승용 지음

진서원

미국 배당주 투자지도

초판 1쇄 발행 2019년 4월 18일
초판 6쇄 발행 2021년 2월 8일

지은이 · 서승용
발행인 · 강혜진
발행처 · 진서원
등록 · 제2012-000384호 2012년 12월 4일
주소 · (03938) 서울시 마포구 월드컵로36길 18 삼라마이다스 1105호
대표전화 · (02) 3143-6353 | **팩스** · (02) 3143-6354
홈페이지 · www.jinswon.co.kr | **이메일** · service@jinswon.co.kr

책임편집 · 최구영 | **편집진행** · 이명애 | **기획편집부** · 정예림, 백은진 | **표지 및 내지 디자인** · 디박스
종이 · 다올페이퍼 | **인쇄** · 보광문화사 | **마케팅** · 강성우 | **일러스트** · 남은비

ISBN 979-11-86647-27-1 13320
진서원 도서번호 19001
값 22,000원

이 도서의 국립중앙도서관 출판예정도서목록(CIP)은 서지정보유통지원시스템 홈페이지(http://seoji.nl.go.kr)와
국가자료공동목록시스템(http://www.nl.go.kr/kolisnet)에서 이용하실 수 있습니다.(CIP제어번호:2019009698)

연금전문가의 세렌디피티! 배당률 10%! 미국 주식을 만나다

뜻밖의 우연한 발견을 세렌디피티(Serendipity)라고 한다. 새로운 세상을 만나려면 기존 틀에서 빠져나와야 한다. 똑같은 장소, 똑같은 사람, 똑같은 언어를 사용해서는 제자리에 머물 수밖에 없다. 이 책을 쓰게 된 계기도 은유 작가와의 만남에서 시작됐다. 은유 작가의 독서토론 수업에서 자극을 받아 나의 지식과 경험을 엮어 출간에 이르렀다.

미국 배당주의 세상을 알게 된 것도 정말 우연이었다. 오랫동안 퇴직연금 부서에서 근무하다 그룹 경영관리 부서로 자리를 옮기면서 배당주를 알게 되었다. 계열사 관리업무를 담당하면서 인수할 만한 외국회사를 찾아보는 업무를 담당했다. 맨땅에 헤딩하며 고군분투하던 시절이었다. 머리도 식힐 겸 사무실에서 나와 흡연실에서 회사 사람들과 이런저런 이야기를 나누던 중 미국 금융회사 이야기를 들었다. 인수할 회사를 찾고 있다면 미국 금융회사 중에 괜찮은 회사들이 있다는 것이다. 여러 이야기가 오가는 중에 '배당'이라는 단어가 들렸다. 정기적으로 배당금을 주는 금융회사들인데 배당률이 8~10%이고, 국내 기관투자자들도 그 회사들이 운용하는 배당펀드에 수조 원을 투자하고 있다고 했다. 서 있는 곳이 달라지니 들리는 이야기들이 달라지기 시작했다.

배당과 연금의 공통점은 현금수입!
돈걱정 없는 노후를 위한 최고의 선택!

주전공이 연금이다 보니 배당이라는 단어에 사로잡혔다. 연금자산은 원금을 안정적으로 불려가면서 은퇴 시점이 다가올수록 안정적인 현금수입(Cash flow)을 만들어내야 하는 자산이다. 그렇다면 결국 배당과 연금은 같은 맥락이 아니겠는가? 인수할 회사를 찾으면 더없이 좋고 그러지 못하더라도 나중에 연금상품으로 만들어도 좋을 것 같았다. 그리고 부동산 투자 열풍에 올라타지 못한 개인적인 상실감도 자극이 됐다. 어차피 큰돈을 벌어 건물주가 되기는 어려우니 개인적으로 투자해서 월세처럼 배당을 받자는 생각이 들었다.

인수할 회사를 찾기 위해 미국 금융시장을 조사하고 미국 회사들의 사업보고서를 탐독하기 시작했다. 이런 정보를 진작 알았으면 얼마나 좋았을까라는 후회와 지금도 늦지 않았다라는 안도감이 교차하는 여정이었다. 혼자 하는 것보다 같이 하는 게 좋을 거 같아 뜻을 같이하는 사람들을 모았다. 자산운용사에서 근무하는 친구 한 명과 금융회사에서 해외주식 투자전략을 설계하는 박사 두 명과 함께 일주일에 한 번 정기적인 스터디 모임을 시작했다. 스터디의 3년여 과정을 이 책에 담고자 했다. 금융회사라는 틀을 벗어나 배당투자에 대한 우리들의 지식과 경험을 공유하기 위함이다.

월급쟁이, 은퇴자는 물론 공격적 투자자까지!
3가지 유형별 미국 배당주 투자지도 제공

이 책은 초보자가 배당투자를 시작함에 있어 갖추어야 할 마음가짐(Mind Set)을 소개하고 다양한 유형의 미국 배당주와의 만남을 주선하는 책이다. 이와 같은 만남을 주선하는 이유는 미국 주식 배당투자가 직장인들의 재산증식과 노후준비에 도움이 될 수 있다는 확신이 있어서다.

이 책은 단순하다. 미국 배당주를 3가지 유형으로 구분해 소개하고, 자신에게 맞는 유형을 선택하도록 돕는 게 전부다. 첫 번째 유형은 예적금을 대신할 수 있는 고정배당 우선주다. 주가도 안정적이고 배당률도 예금이자보다 높아 은퇴자들이라면 배당금으로 생활비를 마련할 수 있을 것이다.

두 번째는 적립식으로 투자할 배당주로, 주식시장 상황과 상관없이 꾸준히 사모을 만한 배당성장주다. 주가는 계속 오르내릴 것이니 묻어둔다는 심정으로 가져가야 한다. 장기투자를 통해 원금도 불리면서(시세차익 기대) 배당률을 높여나갈 수 있다.

세 번째는 공격적 투자자들에게 적합한 고배당주다. 주가가 하락하면 원금 회복이 더디지만 좋은 가격에 사둔다면 연 10% 이상의 높은 배당률을 기대할 수 있다. 가능성은 적지만 만약 2008년 금융위기 같은 기회(?)가 다시 온다면 배당주 투자에 있어 폭탄 세일기간이 될 것이다. 1억원을 투자해 매년 2~3천만원의 배당금을 만들 수도 있다. 위기가 진정되면 주가도 오르게 되니 노후문제의 상당 부분이 해결된다.

세상에서 가장 심플한 주식투자는 배당주 투자!

이 책은 전문적인 투자기법과는 거리를 둔다. 구체적인 방법론이나 투자전략보다는 몇 가지 주요 수치(지표)들을 중심으로 배당금의 안정성과 성장성을 살피는 데 주안점을 두었다. 따라서 영어나 회계에 대한 부담감을 느낄 필요도 없다. 이 책에서 부족한 부분은 증권사 리포트나 네이버 블로그들을 통해 채울 수 있을 것이다. 많은 팬들을 거느린 뛰어난 고수들이 온라인에서 활동하고 있다. 또는 영어공부도 겸하면서 미국 사이트를 활용해도 좋을 것이다. 구글에서 배당주를 의미하는 'Dividend Stocks'으로 검색해도 수십 개의 사이트가 나온다. 약간의 관심만 가진다면 미국 배당주 정보들은 쉽게 접할 수 있다.

이 책이 출간되기에 앞서 같은 주제로 쓰인 책이 먼저 나왔다. 우리 사회가 배당투자에 대한 갈증을 느끼고 있다는 신호라고 본다. 이 책이 또 하나의 징검다리가 되어 더 좋은 책들이 계속 나오기를 희망한다. 워드프로세서로 끄적이기 시작한 토막글들이 한 권의 책으로 나오기까지 많은 사람들의 도움을 받았다. 격려와 응원으로 힘을 보태주신 주위 분들과 책으로서의 모습을 갖출 수 있게 도와주신 진서원의 강혜진 대표와 이다은 편집자에게 감사드린다.

서승용

제2의 월급은 물론, 돈 걱정 없는 노후까지!

미국 배당주!

How to

초보자도 5단계 투자법만 알면 끝!

준비마당 1 | 09장 참고

① 해외 주식 계좌 개설

② 종목 선정

③ 환전 — 자동 환전 서비스

④ 배당주 주문

⑤ 소득세 원천징수

배당금 입금!

3개월 or 매월 현금 入

1년 4번 or 매월
이자처럼 받는다!

배당수익 + **투자수익**

배당수익 높으면
주가도 오른다!

Wow

바쁜 당신에게! 미국 배당주 종목 추천!

| 실천마당 1~3 참고 |

고정배당 우선주
BEST 10

1 | 올스테이트 보험지주
2 | 내셔널 제너럴 홀딩스
3 | KKR 자산운용
⋮
10 | 대형 금융회사 우선주

배당성장주
BEST 7

1 | 리얼티 인컴
2 | 에섹스 프라퍼티
3 | 디지털 리얼티
⋮
7 | 맥코믹

고배당주
BEST 7

1 | 아레스 캐피털
2 | 허큘리스 캐피털
3 | 오메가 헬스케어
⋮
7 | 뉴 레지덴셜 인베스트먼트

나에게 딱 맞는 미국 배당주 찾기

START

일시적 원금 손실은 감수할 수 있는가?

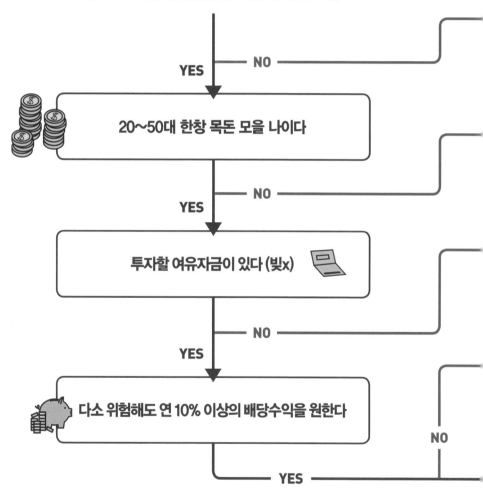

YES / NO

20~50대 한창 목돈 모을 나이다

YES / NO

투자할 여유자금이 있다 (빚x)

YES / NO

다소 위험해도 연 10% 이상의 배당수익을 원한다

YES / NO

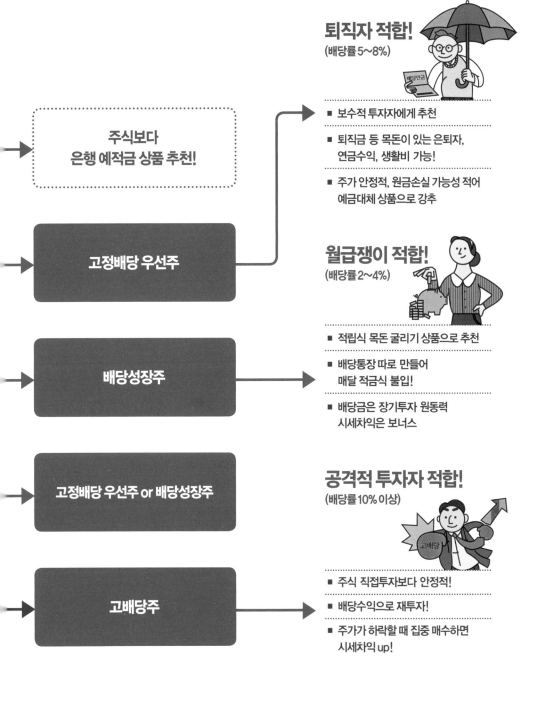

**주식보다
은행 예적금 상품 추천!**

고정배당 우선주

배당성장주

고정배당 우선주 or 배당성장주

고배당주

퇴직자 적합!
(배당률 5~8%)

- 보수적 투자자에게 추천
- 퇴직금 등 목돈이 있는 은퇴자,
  연금수익, 생활비 가능!
- 주가 안정적, 원금손실 가능성 적어
  예금대체 상품으로 강추

월급쟁이 적합!
(배당률 2~4%)

- 적립식 목돈 굴리기 상품으로 추천
- 배당통장 따로 만들어
  매달 적금식 불입!
- 배당금은 장기투자 원동력
  시세차익은 보너스

공격적 투자자 적합!
(배당률 10% 이상)

- 주식 직접투자보다 안정적!
- 배당수익으로 재투자!
- 주가가 하락할 때 집중 매수하면
  시세차익 up!

차
례

무엇이든 저자에게 물어보세요!

미국 배당주에 관한 궁금증이 있다면 지금 당장 무엇이든 물어보세요.

저자이신 서승용 작가님의 '미국배당주' 블로그 (blog.naver.com/diqpartners) → 〈책 내용 문의〉에 질문을 남기면 저자가 직접 답해 드립니다. 블로그에서 책에 수록하지 못한 최신 미국 배당주 정보도 확인하세요.

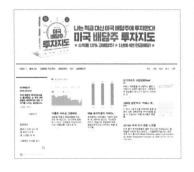

TIP

(가나다순)

나는
적금 대신
미국 배당주에
투자한다!

미국 배당주 투자지도

왜 주식으로
돈 버는 사람이 적을까?

01

막연하게 투자하고, 남들 따라 투자한다?

번듯한 건물을 사서 월세를 받으며 살고 싶다는 건 대다수 직장인의 로망이다. 그러나 평범한 직장인이 뻔한 월급을 모아 건물주가 되기란 쉽지 않다. 재산을 불려볼 요량으로 주식투자를 시작하지만 이 또한 만만한 일이 아니다.

주식을 시작하는 대부분의 사람들은 막연한 감이나 남들을 쫓아서 투자를 한다. 주식시장이 전반적으로 올라 수익이 났음에도 자신이 잘한 것으로 착각하면 큰 아픔을 겪을 수 있다. 한두 번 재미를 보다 보면 자기 과신에 빠지게 되고, 자칫 약세장으로 돌아서거나 베팅이 과감해지는 순간 번 것보다 더 많이 토해낼 수 있기 때문이다.

은밀한 정보를 쫓는 사람들도 한두 차례 재미는 볼 것이다. 하지만 정보에 기댄 투자는 운이 아주 좋아야 한다. 한두 번의 재미가 부메랑이 되어 돌아와

잘못된 정보와 판단으로 발목이 잡힐 수 있기 때문이다. 재빨리 많이 먹으려다 가슴에 얹히게 되면 오랫동안 품게 된다. 물타기는 못하겠고, 털고 나오자니 본전 생각이 가득하다. 이러지도 저러지도 못하면서 속으로 끙끙 앓기 시작한다. 이런 걸 '물렸다'라고 한다. 사람은 개에게 물리기보다 주식에 더 많이 물린다.

펀드매니저, 애널리스트도 흑역사를 만드는 주식시장

주식시장은 전문지식과 명석함이 요구되는 곳이 아니다. 그 유명한 아인슈타인도 노벨상 상금을 주식으로 날렸다. 주식은 항상 수익을 낼 수 있는 확실한 방법이 없다 보니 희망과 전망이 난잡하게 섞여 있다.

물론 워런 버핏이나 피터 린치와 같은 예외적인 전문가들도 있다. 그런 예외적인 사람들을 우리 사회에서 찾아보자면 고시 3관왕에 물리학 박사학위를 가진 철학교수라고 할 수 있다. 도무지 찾아보기 어려운 사람들이란 얘기다. 아주 예외적인 몇몇을 제외한 수많은 전문가와 펀드들은 오늘도 투자의 흑역사를 채우고 있다. 펀드매니저나 애널리스트, 증권사 PB들도 결국 직장인이다. 상사에게 쪼이고 시황에 쪼이고 본인 스스로를 쪼기도 한다. 계속되는 내외부의 압박과 복잡한 이해관계를 당해내기란 어렵다. 그렇게 하면 안 된다는 것을 알면서도 심리적 압박에 밀리기 쉽다. 주식투자는 정보량이 더 많다고 투자전망의 정확성이 높아지지 않는다. 오히려 과잉정보와 노이즈(Noise)에 휘둘려 손실과 스트레스만 키울 수 있다. 마음을 내려놓고 느긋하게 투자하기 어렵다 보니 조급함과 과욕에 휘말리게 된다.

분산투자와 장기투자가 성공의 법칙! 누가 모르는가?

주식투자에 대한 일반이론은 없다. 물리법칙이 아닌 이상 모든 상황을 아우르는 보편적인 투자이론이 있을 리 없다. 하지만 널리 받아들여지는 2가지 개념은 있다. 분산투자와 장기투자다. 분산투자가 손실 크기를 줄이기 위한 방어적 개념이라면, 장기투자는 수익을 낼 확률을 높이기 위한 적극적 개념이다.

■ 주식투자 양대 개념

	종류	목적	성격
주식투자	분산투자	손실 크기 ↓	방어적
	장기투자	수익 확률 ↑	적극적

하지만 아무리 좋은 개념도 실행하기 어렵다면 무용지물이다. 개념과 실행은 완전히 별개다. 개념에는 감정이 없지만 이를 실행하는 사람에게는 감정이 존재하기 때문이다.

주식투자를 지배하는 양극단의 강렬한 감정에는 2가지가 있다. 손실에 대한 두려움과 가급적 빨리 더 많은 수익(보상)을 내고 싶은 욕구다. 손실 걱정이 큰 사람은 주식투자를 멀리하고, 보상 욕구가 큰 사람은 단타매매를 한다. 대부분의 사람들은 양극단의 중간 어디쯤에 있을 것이다.

주식투자자들에게 손실 걱정과 보상 욕구는 너무나 강렬해서 누구도 이 감정에서 자유로울 수 없다. 따라서 손실 걱정과 보상 욕구라는 감정에 휘둘리지 않으면서 적절히 활용할 필요가 있다. 한 가지 방법은 손실과 보상을 바라보는 관점을 새롭게 하고 분산투자, 장기투자와 맞물리는 투자방법을 찾는 것이다.

분산투자로 손실 확률을 낮춰야 장기투자로 이어진다

분산투자는 계란을 한 바구니에 담지 말라는 격언으로 설명된다. 한두 종목에 몰빵하다 크게 깨져서는 안 된다는 뜻이다. 1만원의 주식이 5천원으로 떨어져 50%의 손실이 났다고 하자. 5천원의 주가가 다시 1만원이 되려면 100%가 올라야 한다. 2배의 상승 동력이 필요하니 고통의 시간이 길어진다.

반면에 여러 종목에 나눠서 분산투자를 하면 한쪽에서의 수익으로 다른 쪽의 손실이 메워지기도 해서 손실 크기를 줄일 수 있다.

투자 성과는 심리적 요인에 큰 영향을 받는다. 큰 손실로 인해 고통의 시간이 길어질수록 성급한 판단을 할 가능성이 높다. 스스로에게 쪼임을 당하는 것이다. 분산투자를 통해 손실 크기를 낮춰두어야 장기투자가 편해진다.

---

tip 개인투자자의 분산투자 방법, 10% Rule

분산투자도 구체적인 방법론으로 들어가면 계란을 나누어 담는 일처럼 쉽지만은 않다. 그렇다고 개인투자자들이 전문적인 기법을 따라해 봐야 실익이 적다. 분산투자와 관련해 개인투자자들이 현실적으로 적용할 수 있는 방법을 찾아본다면 10% Rule 정도가 아닐까 싶다.

10% Rule은 금융관련 규제 중 하나로서, 펀드에서도 한 종목에 10% 이상 담지 못하게 되어 있다(물론 여러 예외들이 있기는 하다). 10% Rule을 배당주 투자에 접목해 보면 투자 종목은 10개 내외가 될 것이다. 종목들의 유형과 업종을 달리해 투자할수록 분산투자 효과는 커진다.

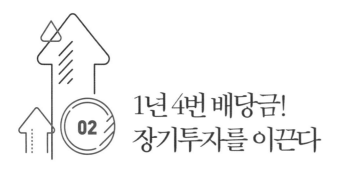

1년 4번 배당금!
장기투자를 이끈다

오래 들고 가려면 단기적 보상이 중요!

주식시장은 강세장과 약세장이 반복된다. 좋은 길목에서 기다리면 기회가 온다. 잡주나 작전주가 아닌 괜찮은 기업의 주식이라면 좋은 가격에 팔 수 있는 기회는 충분히 있다. 기다리다 보면 기회가 오지만 체력장의 철봉 매달리기처럼 무작정 버틸 생각은 말자. 매달리는 동안 온갖 상념에 사로잡혀서 정작 버텨내야 하는 순간에 손을 놓을 수가 있다.

인간의 심리는 명확한 목적의식이 있더라도 단기간에 효과(보상)를 경험하지 못하면 원래의 습성으로 돌아간다. 자연현상은 중력이 지배하지만 인간세상을 지배하는 것은 관성이다. 과거의 투자 실수를 되풀이하지 않으려면 단시일 내에 맛볼 수 있는 보상체계를 만들어놔야 한다.

'하루 6문장'이라는 영어공부 광고 카피가 있다. '팔굽혀펴기 하루 한 개를

목표로 삼으라'는 자기계발 서적도 있다. 목표를 작게 잡고 반복해서 성취감을 맛봐야 오래갈 수 있어서다. 물론 명확한 투자목표와 합리적이고 일관된 투자 방법은 기본이다.

자주 입금되는 배당금, 주가 하락에도 심리적 안정감 up!

괜찮은 회사 주식에 투자금을 오래 묻어둘수록 수익을 낼 수 있는 기회는 증대한다. 그러나 괜찮은 회사 주식이 무엇인지도 헷갈릴뿐더러 묻어둔다는 심정으로 샀더라도 마음이 흔들려서 오래 가져가기 어렵다.

주가가 떨어지면 떨어지는 대로 불안하고 오르면 오르는 대로 떨어질까 불안하다. 수시로 들려오는 각종 뉴스와 정보들이 계속해서 마음을 흔들어놓는다. 마음을 붙잡아줄 닻(Anchor)과 같은 기준점이 없기 때문이다. 삼성전자나 SK하이닉스 같은 주식을 10년 이상 들고 있는 주주들이 과연 얼마나 될지 궁금하지 않은가?

미국 주식으로 배당투자를 하면 정기적으로 입금되는 배당금에서 안정감을 경험하게 된다. 한국 주식 대부분은 1년에 1번 배당하지만 대부분의 미국 주식은 1년에 4번 3개월 주기로 배당한다. 3개월 주기의 보상(배당)은 좋은 기

■ 한국 배당주와 미국 배당주의 배당 횟수

주식 종류	배당 횟수	
한국 배당주	1년에 1번	배당 횟수가 많을수록 장기투자 원동력 ↑
미국 배당주	1년에 4번	

업 주식을 오랫동안 묻어둘 수 있는 심리적 안정감을 제공하며, 배당주기가 짧다 보니 주가 하락에 대한 내성도 커지게 된다. 결국 **배당투자의 가치는 장기투자를 위한 심리적 요소에 있다**고 본다.

더하여 배당금은 회사의 내재가치(실적)를 반영하므로 장기적으로 주가를 견인하는 원동력이 된다. 꾸준한 실적을 바탕으로 배당금을 잘 주는 기업의 주가는 오르기 마련이다. 미국의 우량 배당주들의 주가상승률은 코스피 지수와는 비교가 되지 않는다. 미국 주가지수(S&P500) 상승률보다 월등히 높은 상승률을 보여주는 배당주도 많다.

원금의 가치는 배당금 창출 능력에 있다

무언가를 얻기 위해 지불한 금액을 가격(Price)이라 하고, 가격을 지불하고 얻은 효용을 가치(Value)라고 한다. 배당투자에서는 배당금(Value)에 가치를 두고 투자를 한다. 배당금 창출이 배당투자의 목적인 것이다. 따라서 주가(Price)가 잠시 떨어지더라도 회사의 배당능력에 문제가 없고 배당금이 유지된다면 원금가치는 오히려 증대되었다고 볼 수 있다. **주가 하락은 주식을 싸게 사서 배당금(배당수익)을 더 많이 받을 수 있는 기회**로 작용한다(물론 배당금이 매번 변하는 주식이라면 주가가 하락했다는 이유만으로 투자하기 어려울 것이다). 이렇듯 배당투자는 역발상 투자와도 심리적인 면에서 맞물려 있다.

오른쪽 그래프에서 회색의 주가 그래프와 계단식으로 계속 상승하는 노란색의 배당금 중 어디에 시선을 두느냐에 따라 투자결과는 분명 달라진다.

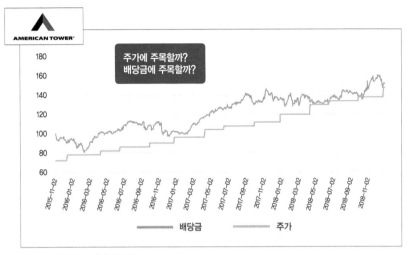

아메리칸 타워의 주가와 배당금

미국 배당주 배당 사례 │ 56년째 배당금을 매년 인상한 코카콜라

　좋은 배당주들은 경기불황이나 금융위기 시기에도 배당금을 계속해서 올려준다. 어려운 사업환경이나 사업실적 악화 같은 부정 요소를 일관된 배당패턴으로 덮어버리는 것이다. 주주 우선(배당)과 탁월한 경영관리(Management)가 무엇인지 보여주는 기업들이다.

　다음 페이지 그래프는 배당주로 유명한 코카콜라의 배당금 내역이다(한국 기업에서는 이런 배당금 그래프를 찾을 수 없다). 코카콜라는 1920년부터 3개월 주기로 배당하면서, 1963년부터 지금까지 56년째 매년 배당금을 인상하고 있다. 내년도 배당금이 줄어들 가능성은 거의 없다는 뜻이다. 안정적인 배당패턴을 보여주는 기업들의 배당금은 과거와 현재가 미래로 이어진다.

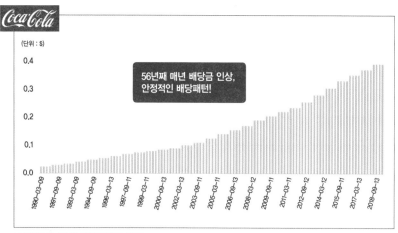

코카콜라의 3개월 주기 배당금 내역

배당주 투자자는 배당패턴에 주목할 것

미국 배당주 투자는 생각보다 그리 어렵지 않다. 우리나라 증권사 대부분이 미국 주식에 대한 투자정보를 제공하고 있으니 영어에 대한 부담을 느낄 필요도 없다. 또한 배당투자는 안정감 있는 배당금에 초점이 맞춰지니 신경쓸 부분

한경컨센서스(hkconsensus.hankyung.com)에서 '미국'이라는 키워드를 검색하면 다양한 미국 주식 투자정보를 확인할 수 있다.

도 적다. 매일매일 업데이트되는 휘발성 뉴스나 정보들을 멀리하고 배당의 안정성과 지속성에 시선을 고정하자.

앞의 코카콜라 사례에서도 살펴보았듯이 배당주 투자자의 시선이 머물러야 할 곳은 회사의 배당패턴(Dividend Pattern)이다. 배당금의 과거와 현재, 그리고 미래를 말해 주기 때문이다. 주가에는 안정적인 패턴이 없지만 배당에는 안정적인 패턴이 있어 예측가능성이 높다. 배당투자가 편한 이유다.

미국 배당주 투자 전 던져야 할 핵심 질문 3가지

대부분의 주식투자는 투자할 종목을 본인이 직접 찾기보다는 전문가들로부터 추천을 받는 경우가 많다. 투자종목을 추천받게 된다면 배당금의 과거, 미래, 현재에 대한 3가지 핵심 질문을 던져보자. 이 책에서는 3가지 핵심 질문에 대한 세부적인 내용들을 체크리스트 형태로 제공하고 있다.

■ **이 책의 배당주 핵심 체크리스트**

1 | **배당금의 과거** : 배당금은 안정적으로 꾸준하게 지급됐는가?
2 | **배당금의 현재** : 현재 주가에서 배당률은 얼마인가?
3 | **배당금의 미래** : 앞으로 배당금이 줄어들 가능성은 있는가?

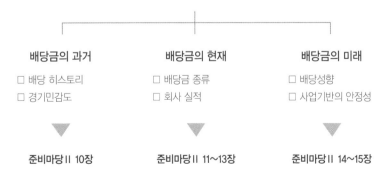

배당금의 과거	배당금의 현재	배당금의 미래
□ 배당 히스토리	□ 배당금 종류	□ 배당성향
□ 경기민감도	□ 회사 실적	□ 사업기반의 안정성
▽	▽	▽
준비마당 II 10장	준비마당 II 11~13장	준비마당 II 14~15장

미국 배당주 투자를 선호하는 5가지 이유

03

배당금이란 무엇인가?

주식투자 수익에는 시세차익과 배당수익이 있다. **시세차익은 다른 누군가에게 비싸게 팔아 차익을 남기는 수익**이다. 시세차익에서 이익을 가져다주는 상대방은 다른 투자자다. 하지만 비싸게 사줄 상대방이 늘 있는 것은 아니다. 사기는 쉬워도 팔기는 어려운 게 주식이어서 팔아야 할 타이밍을 놓쳐 낭패를 본 경험들이 있을 것이다.

배당수익(배당금)은 회사가 벌어들인 이익을 주주들 통장에 정기적으로 입금해 주는 분배금이다. 이익을 가져다주는 상대방이 회사이므로 회사 실적(배당능력)과 배당률에 초점을 두고 살펴보자. 배당률이란 연간 배당금을 주가(투자원금)로 나누었을 때의 비율이다. 만약 1,000원을 주고 산 주식(또는 현재 주가)의 연간 배당금이 100원이라면 배당률은 연 10%가 된다.

$$\text{연 배당률} = \frac{\text{연간 배당금}}{\text{주가}} \times 100$$

배당을 할지 말지는 회사의 선택사항이어서 할 수도 있고 안 할 수도 있다. 회사 실적이 좋지 않으면 배당금이 줄어들 수도 있다. 만약 배당금 자체가 너무 적다면 큰 의미가 없다.

배당에 인색한 한국 주식시장

한국 주식시장에서도 배당투자에 대한 관심이 커지고 있다. 그러나 시세차익을 얻기 위한 투자재료로 배당금을 활용할 뿐 배당수익 자체에는 큰 의미를 두지 않는 편이다. 우리나라 회사들은 배당에 인색하기 때문이다. 한국 기업의 배당성향◆은 몇 년째 OECD 국가 중 바닥권을 차지하고 있다.

- 韓기업 배당성향 평균 17%…주요 51개국 중 꼴찌 (연합뉴스, 2015. 6. 2)
- '최고실적' 韓기업…배당은 세계 꼴찌수준 (매일경제, 2017. 4. 4)
- 한국 상장사 배당수익률 1.8%로 '바닥권' (한겨레, 2017. 4. 11)
- [MT리포트] "중국보다 낮은 배당, 기업 곳간 풀 때" (머니투데이, 2018. 4. 19)

◆　　**배당성향(Payout ratio)** : 당기순이익에서 배당금으로 지급된 금액의 비중을 말한다. 배당성향이 낮다는 건 배당금을 적게 지급한다는 뜻이다.

한국 기업의 배당주기는 대부분 1년*이어서 다음번 배당까지 오래 기다려야 한다. 또한 매년 배당금 액수도 일정하지 않은 편이다. 이익이 다소 줄더라도 배당금을 일정하게 유지하거나 안정적인 배당패턴을 보여주면 배당투자가 편해질 텐데 한국 기업은 그렇지 않다. 한국에서 배당투자가 활발하지 않은 이유다.

왜 미국 배당주 투자일까?

미국 배당주 투자를 선호하는 기본적인 이유는 한국보다 높은 배당률에 있다. 배당금보다 주가가 더 많이 오르면 배당률은 떨어지는데, 2008년 금융위기 이후 미국 주가가 계속 올랐음에도 여전히 매력적인 배당률을 보여주는 기업이 많다.

하지만 단순히 배당률 때문만은 아니다(배당률만 놓고 보면 호주, 유럽, 러시아, 중국, 인도 기업들이 더 높다). 미국 기업들은 주주 중심의 기업경영이 일관된 주주배당으로 연결되고 있어서 배당투자에 적합한 토양을 제공한다. 또한 미국 배당주 투자는 달러화 투자여서 통화가치도 안정적이다. 하지만 그보다 더 매력적인 이유는 한국에서는 볼 수 없는 다양한 유형의 배당주들이 있다는 점이다.

왜 미국 배당주 투자가 매력적인지 그 이유를 5가지로 정리해 보았다.

◆　금융감독원 보도자료에 따르면 주식시장에 상장된 2,062개 기업 중 2018년에 1년에 1번 이상 중간배당(분기/반기)을 한 기업은 54개사(코스피 36개사 + 코스닥 18개사)에 불과하다.

투자 이유 1 | 한국에서는 볼 수 없는 다양한 유형의 배당주

이 책에서 소개하는 미국 배당주들은 대부분 생소할 것이다. 한국 투자자들에게 많이 알려져 있지 않은 종목들을 소개하는 데 중점을 두었기 때문이다. 이 책이 한국 투자자들의 투자지평을 넓히는 데 도움이 되었으면 하는 바람이다.

미국 배당주들은 그 유형이 다양해서 원금의 안정성을 중요하게 여기는 투자자는 물론이고 고배당이나 고수익을 원하는 투자자에 이르기까지 다양한 투자 니즈(Needs)를 충족시켜 줄 수 있을 것이다. 이 책에서는 투자자들의 성향을 고려해서 배당주 유형을 고정배당 우선주, 배당성장주, 고배당주의 3가지로 구분했다.

1 | 고정배당 우선주(안심저축형)

예적금을 대신할 수 있는 저축형 종목들에는 고정배당 우선주가 있다. 주가가 매우 안정적이며 배당률은 **연 6~8%**에 이른다. 원금에서는 수익을 기대하기 어렵지만 원금(주가)과 배당금의 안정성이 뛰어나 **보수적인 투자자들이나 은퇴자들에게 적합한 종목**들이다(우리나라에는 고정배당 우선주라는 주식 자체가 없다).

2 | 배당성장주(적립형)

배당성장주는 적립식으로 모아갈 만한 종목들이다. 배당률은 **연 2~4%** 내외로 자녀들을 위한 적립식투자나 장기투자를 할 수 있는 투자자들에게 적합한 유형이다. 단기적으로 주가는 오르내리겠지만 배당률이 매년 자동 인상되고, 장기적 주가는 우상향 추세를 보일 것이다. 따라서 주가수익과 배당수익을 합한 전체 수익에서 **배당투자의 성과를 가장 높일 수 있는 종목**들이다.

3 | 고배당주(10% 이상 고수익투자형)

마지막으로 고배당형은 고배당 관점에서 제한적으로 접근할 유형이다. 주가가 하락하면 회복이 더디기도 해 원금의 안정성은 떨어질 수 있다. 그러나 좋은 가격에 사둔다면 **연 10% 이상**의 높은 배당률을 충분히 확보할 수 있다. 바겐세일 시점까지 기다렸다 투자한다면 배당률을 더욱 높일 수 있다. 가성비 관점에서 **노후 생활비를 만들기에 적합한 종목**이라고 할 수 있다.

투자 이유 2 | 주주배당을 중요하게 여기는 기업경영

미국에서는 최소 25년 이상 연속해서 배당금을 올린 기업들을 **배당챔피언** (Dividend Champions)◆이라고 부른다. 2018년 말 현재 131개 기업이 해당한다. 범위를 좀더 넓히면, 10년 이상 배당금을 연속으로 올려온 256개의 **배당성취자**(Dividend Achievers) 기업도 있다. 경기변동이나 경제위기 풍파 속에서도 주주배당의 연속성과 일관성을 지켜온 기업들이다.

미국 기업들의 주주배당에 대한 인식은 홈페이지나 공시자료에도 잘 드러나 있다. 각 회사 홈페이지만 들어가봐도 투자자(Investors) 메뉴에서 수십 년간의 배당정보를 쉽게 찾아볼 수 있다.

다음은 배당주로 유명한 코카콜라와 펩시콜라가 홈페이지에서 제공하는 배당금 공시자료다. 코카콜라는 1963년부터, 펩시콜라는 1973년부터 지금까지 매년 배당금을 인상해 지급하고 있다.

◆　배당챔피언에 대한 자세한 내용은 51~55쪽 참고.

코카콜라, 펩시콜라 홈페이지의 배당금 공시 화면

투자 이유 3 | 1년에 4번, 3개월 주기의 안정감 있는 배당

미국 배당기업들의 배당패턴은 대부분 비슷하다. 배당주기는 1년에 4번 3개월 주기(분기 배당)이며, 1분기에 1달러를 배당했으면 나머지 분기에도 동일하게 1달러를 배당한다. 그리고 사업환경에 현저한 변화가 없다면 다음해 초에 배당금을 인상한다. 이익이 다소 줄더라도 회사 자금사정과 배당능력에 큰 훼손이 없는 한 배당금은 유지된다. 배당금을 중심으로 안정감 있는 배당투자가 가능하다는 의미다.

아래 그래프는 미국 배당기업들의 전형적인 배당패턴을 보여준다. 대부분의 배당주들이 보여주는 계단식 배당패턴이다.

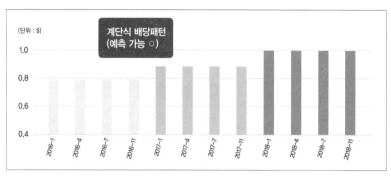

미국 배당기업들의 전형적인 배당패턴

우리나라 주식 중에도 배당주로 인기 있는 종목이 있다. 천안논산 고속도로와 같은 민자고속도로들을 운영하는 맥쿼리인프라라는 종목이다. 2003년 이래 6개월마다 배당하면서 16년 동안 연 4~6%의 배당수익을 꾸준히 안겨주었다. 지인 중에도 주가가 떨어질 때마다 사모으는 이들이 있다. 그러나 이 회사 배당금은 오른쪽 그래프처럼 매번 달라서 배당금의 예측가능성이 떨어진다. 그럼에도 한국 주식시장에는 이 정도 배당수익을 안겨주는 종목들이 없다 보니 유독 존재감을 보이고 있다. 이 책에서도 맥쿼리인프라는 존재감을 보여준다. 이 책에서 소개하는 미국 배당주들은 들쭉날쭉 배당을 하지 않기 때문이다.

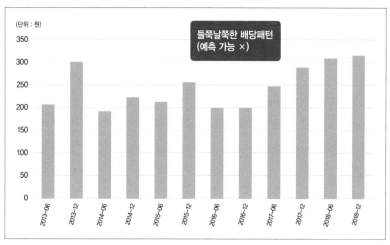

(단위 : 원)

들쭉날쭉한 배당패턴
(예측 가능 ×)

국내에 진출한 맥쿼리인프라 배당금 지급 추이

투자 이유 4 │ 배당률에 대한 합리적 확신

배당금이 줄어들 가능성이 높거나 예측하기 어렵다면 배당률 정보의 정확도는 떨어진다. 정확도가 떨어지는 정보로 투자를 하면 당초 기대했던 결과에서 크게 벗어날 수 있다.

미국 배당주들은 현재 주가로 투자할 경우 앞으로 1년간 받을 수 있는 최소 배당금(분기 배당금 × 4)을 합리적으로 확신할 수 있다. 연간 배당금과 배당률에 대한 합리적 확신이 가능하니 의사결정 부담이 줄어든다. 미국 배당주의 배당 수익은 예측가능성이 높아 장기투자가 편하다.

$$연간\ 배당률(추정치) = \frac{(직전\ 분기\ 배당금 \times 4회)}{현재\ 주가} \times 100$$

투자 이유 5 | **안정적인 통화(달러) 가치**

해외투자는 환율이 개입되므로 통화가치가 안정적이어야 한다. 통화가치가 안정적이지 않다면 환율 하락으로 인해 전체적으로 큰 손실을 입을 수 있다(주가 전망보다 더 황당한 게 환율 전망이다. 환율은 한 국가의 정치, 경제, 금융, 국제관계가 전부 집약되는 복잡한 변수여서 국가 시스템이 불안정한 신흥국 통화일수록 환율에 대한 장기전망은 의미가 없다).

미국보다 평균 배당률이 높은 국가들이 많이 있음에도 미국 배당주 투자를 선호하는 이유는 달러화의 안정성에 있다. 1944년 브레튼우즈협정 이후 세계 기축통화(Key Currency)로 등장한 달러화는 국제거래에서 가치평가의 척도가 되어왔다. 달러화 가치가 폭락했다는 것은 세계경제가 붕괴됐다는 것을 의미한다. 세계경제가 붕괴된 상황에서는 그 어떤 자산에 투자하든 예외 없이 큰 손실을 입을 테니 미국 배당주에 투자했다고 해서 특별히 더 손해를 보는 것도 아닐 것이다.

환율 전망을 무색케 한 사례로 브라질 국채 투자를 들 수 있다. 2011년 이후 브라질 국채 투자가 크게 유행했다. 세금도 면제되고 채권이자도 연 9~10%에 달해서 노후준비 목적으로 많이들 투자했다(2018년 말 기준 누적 판매액 7조원이 넘는다). 하지만 헤알화 환율이 많이 떨어져 마음고생을 하는 투자자들이 많다. 아래 그래프는 브라질 국채가 본격적으로 판매되기 시작한 2011년부터 2018년 하반기까지 달러 환율과 헤알화 환율을 비교한 그래프다. 달러화 환율은 안정적인 흐름을 보이는 데 반해 헤알화 환율은 2011년에 비해 60%나 떨어졌다.

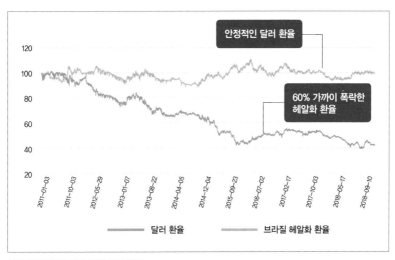

브라질 헤알화와 달러 환율 변동 추이

결론 | 국민연금 개편에 대비 배당통장을 만들자!

배당투자의 최종 목적은 평안한 노후에 있다. 배당투자에 대한 감각을 키워 간다면 연금처럼 쓸 수 있는 배당통장을 만들 수 있을 것이다.

국민연금 개편이 본격적으로 시작되었다. 개편안의 내용은 크게 3가지로 귀결된다. 많이 걷고, 적게 주고, 늦게 주는 것이다. 내야 할 돈이 늘어나고 받을 돈이 조금씩 줄어드는 건 적응이 가능하다. 하지만 연금지급 자체가 수년씩 늦춰지는 건 생활에 큰 제약이 된다. 50대 초중반에 퇴직해서 60대 후반, 70대 초반에 연금을 받게 된다면 연금 공백기는 10~15년 이상으로 길어진다. 연금 공백기에 해당하는 나이는 여가활동과 소비활동이 왕성한 때이기도 해서 생활비가 많이 필요한 시기다.

아래 그래프는 일을 할 수 있는 100명의 사람이 부양해야 하는 65세 이상 인구의 수(노년부양비)를 보여준다.

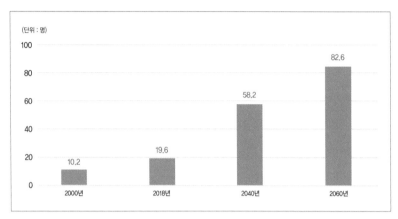

생산가능인구 100명이 부담해야 하는 65세 이상 인구의 수   * 출처: 통계청 2018년 고령자 통계

2000년에는 100명당 10명에 불과했지만 2060년에는 82명을 넘어선다. 연금개혁은 이제부터 시작이다. 지금부터라도 미국 배당주 투자를 통해 배당통장을 만들어보자. 이 책에서 제시하는 3가지 투자 유형(고정배당 우선주, 배당성장주, 고배당주)을 참고해 만들면 될 것이다.

① 고정배당 우선주(안심저축형) → 첫째마당
② 배당성장주(적립형) → 둘째마당
③ 고배당주(10% 이상 고수익투자형) → 셋째마당

아마존(AMZN)은 온라인 도서 판매로 출발해 연매출 200조원 기업으로 성장한 전자상거래 업체다. 우리나라 투자자들이 제일 많이 투자하고 있는 미국 주식으로서 2018년 상반기에만 9,200억원을 투자했다고 한다.

아마존의 주가 상승은 경이로운 수준으로, 2010년 이후 미국 주가지수(S&P500)는 2.2배 상승했지만 아마존 주가는 10배 넘게 상승했다. 2018년 하반기 이후 조정을 받으면서 상승세가 한풀 꺾였지만 대형주 중에 이 정도 주가수익을 주는 주식은 매우 드물다.

아마존 주가와 미국 주가지수(S&P500)

아마존 같은 주식을 보면 심경이 복잡해진다. 놓쳐버린 기회가 아쉬운가 하면, 지금 투자하자니 주가가 떨어질까 걱정이 된다.

그러나 배당투자 관점에서는 아마존에 관심을 두지 않는다. 배당금을 주지 않기 때문이다. 배당금이 없는 주식은 주가의 적정성을 판단할 기준이 없고 장기보유를 위한 심리적 동력도 유지하기 힘들다. 또한 전자상거래 분야나 IT 분야는 글로벌 기술기업의 치열한 각축장이어서 아마존 같은 기업에 장기투자하려면 회사 경쟁력에 대한 확신이 필요하다.

미국 배당주 투자의 매력 1

폭락장은 배당투자에 가장 좋은 기회

주가는 언제나 과잉반응한다

2008년 금융위기 이후 계속 오르기만 하던 미국 주식시장이 조정을 받기 시작했다. 배당투자를 시작하는 투자자에게 좋은 기회가 오고 있는 것이다. 배당투자는 역발상 투자◆와도 맞물려 있어 하락장에서의 적극적인 투자를 통해 배당률을 높일 수 있기 때문이다. 주가는 항상 과잉반응을 하며 버블 (Bubble)과 폭락을 오간다. 그리고 폭락장에서는 좋은 기업 주식들도 급락하기 마련이다.

◆   **역발상 투자** : 주가가 떨어져 대부분의 투자자들이 부정적으로 생각할 때 오히려 적극적으로 투자해서 수익을 올리는 것을 의미한다. 역발상 투자를 하는 이들은 재무구조가 안정적이고 이익증가율이 높음에도 주가가 많이 떨어진 종목들에 주로 투자를 한다. 역발상 투자에 관한 책으로는 《데이비드 드레먼의 역발상 투자》가 있다.

그러나 기업의 배당능력은 주가와 상관이 없다. 좋은 배당주들은 어려운 환경에서도 꾸준히 배당을 한다. 주가의 과잉반응(폭락)이 해소되고 다시 오르기 시작하면 주가수익과 배당수익 모두에서 상당한 수익을 거둘 수 있다.

주가는 반토막, 배당금은 오히려 인상! 리얼티 인컴의 배당 사례

리얼티 인컴(Realty Income)은 한 달마다 배당하는 회사로 한국 투자자들에게도 많이 알려져 있다. 편의점, 약국, 레스토랑 등 5,700여개 점포를 가지고 임대사업을 하는 회사로서 시가총액이 22조원에 이르는 대형 회사다(우리나라에서 제일 큰 보험사인 삼성생명보다 시가총액이 크다).

이 회사가 매달 배당한 지는 48년이 넘었다. 그리고 최근 24년간은 매년 배당금을 인상해 왔다. 다음 페이지 그래프는 1994년부터 2018년까지 다달이 지급한 배당금 그래프다. 맥쿼리인프라의 배당금 그래프(41쪽 참고)와 비교해 보면 배당의 안정감이란 게 무엇인지 느낌이 올 것이다. 리얼티 인컴의 현재 배당률은 연 4.21%다(2018년 말 주가 기준). 회사 실적도 여전히 좋아 내년에도 배당금은 계속 인상될 것이다(이 회사는 보통 3~6개월마다 배당금을 인상한다).

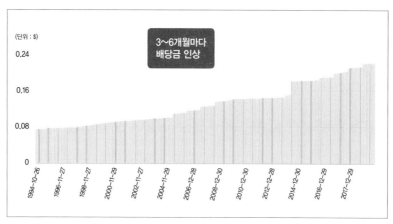

(단위 : $)

3~6개월마다
배당금 인상

0.24

0.16

0.08

0

1994-10-26 1996-11-27 1998-11-27 2000-11-29 2002-11-27 2004-11-29 2006-12-28 2008-12-30 2010-12-30 2012-12-28 2014-12-30 2016-12-29 2017-12-29

리얼티 인컴 배당금 지급 내역

좋은 배당주는 주가 회복력도 빠르다

금융위기가 터지자 미국 주식시장은 폭락했다. 리얼티 인컴도 예외는 아니어서 30달러 내외에서 거래되던 주가가 15달러까지 반토막이 났다. 하지만 회사 실적은 견고했다. 금융위기 상황에서도 96% 이상의 점포 임대율을 유지하고 있었기 때문이다. 실적에 큰 문제가 없으니 배당금은 계속 인상되었다.

다음 페이지 그래프는 2007년 말부터 2010년까지의 미국 주가지수(S&P500)와 리얼티 인컴의 주가를 비교한 그래프다. 금융위기로 인해 리얼티 인컴 주가도 급락해 50%나 하락했지만 빠른 회복력을 보이면서 2009년 말에는 예전 주가를 회복했다. 반면 미국 주가지수는 2012년 중반에야 예전 주가를 회복했다. 좋은 배당주들은 주가 회복력도 빠르다.

리얼티 인컴 주가와 미국 주가지수(S&P500)

금융위기 때 투자했다면!
원금은 회수하고 주가는 3.2배, 배당률은 연 17%로 상승

배당투자의 하이라이트는 좋은 배당기업을 눈여겨보고 있다가 폭락장에서
사들이는 데 있다. 투자의 현인 워런 버핏도 1987년 10월 미국 주식시장이 대
폭락(블랙 먼데이라고 한다)했을 때 코카콜라 주식을 대량으로 사들여서 대주주가
되었다.

다시 리얼티 인컴 사례로 돌아가보자. 주가가 많이 하락했던 2009년 초에
리얼티 인컴 주식을 15달러에 사두었다면, 이후 10년 동안 얻을 수 있는 3가지
형태의 배당투자 수익은 다음과 같다(환율은 고려하지 않았다).

1 | 원금 회수

2009년부터 2018년까지 지급된 리얼티 인컴의 배당금은 총 18.8달러(세후)다. 15달러의 원금보다 더 많은 금액이 회수된다. 회수된 원금을 다른 곳에 투자했다면 재투자 수익도 얻을 수 있다.

2 | 주가수익

15달러였던 주가는 63달러가 된다. 원금을 이미 회수했음에도 투자원금은 3.2배 불어나 있다.

3 | 앞으로의 배당수익

15달러에 사두었으면 현재 배당률은 연 17.7%가 된다(2018년 12월 배당금 0.221달러). 그리고 내년 배당금은 더 오를 것이다. 이 회사의 현재 점포 임대율은 98%가 넘기 때문이다.

$$\text{연 배당률} = \frac{(\text{월 배당금} \times 12)}{\text{주식 매입가}} \times 100$$

$$\text{연 } 17.7\% = \frac{(0.221\text{달러} \times 12)}{15\text{달러}} \times 100$$

미국 배당주 투자의 매력 2

매년 배당률이 자동 인상되는 배당성장주

05

25년 연속 배당금 인상해 온 배당챔피언

앞서 설명한 리얼티 인컴도 배당주로 유명하지만, 배당주 부문 상석을 차지하기에는 조금 부족하다. 미국에는 최소 25년 이상 연속해서 배당금을 올려온 배당챔피언 기업들이 있다. 2018년 말 현재 131개 기업이 해당한다. 이들 기업이 배당금을 매년 인상해 온 기간은 평균 39.7년이 넘는다. 40년의 풍파 속에서 흔들림 없는 모습을 보여주었으니 과연 챔피언이라 불릴 만하다.

물론 이 기업들이 앞으로도 매년 배당금을 인상하리란 보장은 없다. 또한 그중에는 투자매력도가 낮거나 주가 성장성이 떨어지는 기업도 일부 포함되어 있다. 하지만 수십 년 동안 일관되게 주주배당을 해왔다는 점에서는 높게 평가할 기업들이다. 2018년 말 현재 이들 기업의 평균 배당률은 연 2.67%다.

25년 이상 배당금을 매년 올린 미국 기업들

미국에서 시가총액 100조원이 넘는 대기업 가운데 우리나라에도 많이 알려진 배당챔피언 회사들을 추려봤다. 대규모 설비가 필요한 인허가 산업(통신, 담배, 제약, 에너지)을 영위하거나 소비자들을 사로잡은 유명 브랜드 기반 소비재 회사들이 대부분으로, 기존 사업자의 포지션이 안정적이라는 특징이 있다.

■ 25년 이상 매년 배당금을 올린 미국 기업

산업	회사명	종목코드	배당금 연속 인상 연수	연 배당률 (2018년 말)	시가총액
제약·헬스케어	존슨앤존슨	JNJ	56년	2.79%	397조원
에너지	엑손모빌	XOM	36년	4.81%	330조원
유통	월마트	WMT	45년	2.23%	302조원
소비재	P&G	PG	62년	3.12%	262조원
통신	AT&T	T	35년	7.15%	236조원
식음료	코카콜라	KO	56년	3.29%	229조원
식음료	펩시콜라	PEP	43년	3.36%	177조원
식음료	맥도날드	MCD	43년	2.61%	154조원
산업소비재	3M	MMM	60년	2.86%	126조원
소비재(담배)	알트리아 (말보로, 아이코스)	MO	49년	6.48%	105조원

100년 전 배당 시작, 1958년부터 매년 인상!
3M의 배당 사례

배당챔피언 중 3M의 배당 히스토리를 소개한다. 3M은 변화하는 시장환경에 발맞춰 사업구조를 끊임없이 혁신하며 성장해 온 위대한 기업이다(3M의 혁신활동은 경영학 교과서에 자주 등장한다).

3M은 1902년에 설립되어 100년이 넘는 세월을 거치며 기술기업으로 탈바꿈했다. 우리에게는 포스트잇과 생활용품으로 유명하지만 의료용품과 산업소재를 아우르는 6만여 제품을 생산하고 있다. 시가총액은 약 130조원인데 우리나라 기업이었다면 삼성전자 다음이다.

3M은 100년 전에 주주배당을 시작했으며 1958년부터 한 해도 거르지 않고 매년 배당금을 인상하고 있다. 최근 4~5년 사이에 눈에 띄게 많이 올랐으며 2018년에도 16% 인상되었다. 아래 그래프는 2007년 이후 3M의 분기별 배당금 지급 내역이다.

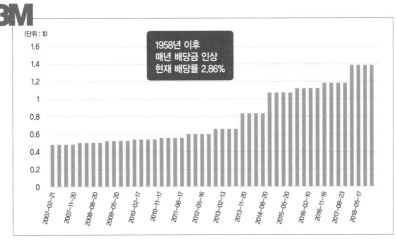

3M 배당금 지급 내역

배당금을 잘 주는 기업들은 주가수익도 매력적이다

양호한 실적을 바탕으로 배당금을 매년 인상하는 회사들은 주가의 장기추세가 좋을 수밖에 없다. 아래 그래프는 2000년 이후 3M 주가와 미국 주가지수(S&P500)를 비교한 그래프다. 3M의 주가상승률은 미국 주가지수의 2배가 넘는다. 이런 회사들은 당장의 배당률이 낮더라도 배당률 자동 인상과 주가 상승을 기대하면서 편하게 적립식 장기투자를 할 수 있다. 3M의 현재 배당률은 연 2.86%다.

3M 주가와 미국 주가지수(S&P500)

한국 기업 중에는 배당챔피언이라 불릴 만한 기업이 없다. 가장 비슷한 범주로, 2017년에 조선일보와 에프앤가이드가 공동으로 2,000여 상장사를 대상으로 1993년 이후부터 흑자를 유지하면서 매년 배당을 한 회사들을 조사한 결과가 있다. 배당금을 매년 인상했다는 의미는 아니니 오해 없기 바란다. 1993년 이후 24년간 배당금을 매년 지급한 회사는 17개사였다. 그러나 이들 회사의 현재 시점의 배당률은 계산(예측)하기 어렵다. 내년도 배당금이 얼마가 될지 합리적으로 예측(확신)하기 어렵기 때문이다.

■ **24년간 매년 배당금 지급한 한국 기업**

1. 삼성전자	6. 유한양행	11. 경농	16. 한국석유
2. 삼성화재	7. 롯데지주	12. 한국주철관	17. BYC
3. LG	8. 롯데칠성	13. 강남제비스코	
4. KCC	9. 조선내화	14. 한독	
5. 아모레퍼시픽	10. 고려제강	15. 신영와코루	

미국 배당주 투자의 매력 3

배당률이 높은 고배당주

높은 배당수익 원한다면?

하락장이나 약세장이 아님에도 배당률이 연 7~10%에 달하는 고배당주들이 있다. 회사 이익의 대부분을 배당하는 까닭에 회사가 성장하거나 주가가 오를 가능성은 낮아 배당금만 바라보며 투자하는 종목들이다. 배당률이 높다고 해서 중소형주나 위험한 주식들만 있는 것은 아니다. 시가총액이 수조원에 이르는 중대형 주식들 중에도 고배당주들이 제법 있다.

고배당주는 불확실한 주가수익보다 확실한 배당금을 선호하는 투자자에게 좋은 투자대상이 될 수 있다.

배당률 10% 고배당주!
아레스 캐피털의 배당 사례

미국에서는 이익의 90% 이상을 배당하는 금융업종이 있다. 벤처기업이나 중소기업들을 상대로 대출사업을 하는 일종의 캐피털(여신전문) 회사다.

아래 그래프는 금융위기 직전인 2007년 이후부터 아레스 캐피털의 배당금 지급 내역을 보여준다. 금융위기로 여파로 2009년에 배당금이 0.42달러에서 0.35달러로 17% 줄어들었다. 그러나 더 이상의 배당금 감소는 없었으며 2011년 말부터 배당금을 다시 인상해 지금까지 꾸준히 지급해 오고 있다. 아레스 캐피털은 시가총액 7조원의 업종 대표주로서 2018년 당기순이익이 9천억원이 넘는다. 2018년 말 배당률은 연 10.01%다.

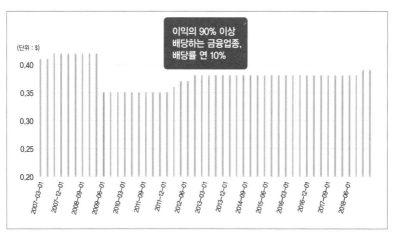

아레스 캐피털 배당금 지급 내역

주가의 과잉반응은 배당투자에 좋은 기회

2008년 금융위기는 대부분의 회사에 타격을 주었다. 경제위기로는 역대급이어서 'Great Financial Crisis'라고도 한다. 아레스 캐피털도 2008년에 두 분기 연속 적자를 기록하면서 2007년 말 15달러였던 주가가 2009년 상반기에 3달러까지 추락하는 등 80%나 급락했다. 하지만 배당금은 17%만 줄어들었고 2009년 1분기에 곧바로 흑자로 전환하면서 지금까지 좋은 실적을 보여주고 있다.

아래 그래프는 2007년 말부터 2010년까지의 미국 주가지수(S&P500)와 아레스 캐피털의 주가를 비교한 그래프다. 아레스 캐피털의 주가는 빠른 회복력을 보이면서 2010년 초에 예전 주가로 돌아왔다. 주가의 과잉반응이 오히려 배당투자자에게 좋은 기회가 될 수 있음을 보여주고 있다.

아레스 캐피털 주가와 미국 주가지수(S&P500)

금융위기 때 투자했다면!
원금의 3배 회수, 주가는 4.2배, 배당률은 연 52%로 상승

급락장에서의 고배당주 투자는 배당률을 끌어올릴 수 있는 매력적인 투자기회가 된다. 제2의 아레스 캐피털을 찾기만 한다면 노후준비의 상당 부분은 단번에 해결될 것이다. 배당투자 관점에서 2009년 초에 아레스 캐피털 주식을 3달러에 사두었다면, 이후 10년 동안 얻을 수 있는 3가지 형태의 배당투자 수익은 다음과 같다(환율은 고려하지 않았다).

1 │ 원금 회수

2009년부터 2018년까지 지급된 배당금은 총 12.7달러(세후)로, 원금의 3배 이상이 회수된다.

2 │ 주가수익

3달러였던 주가는 15.58달러가 된다. 3배 이상 원금을 회수했음에도 원금은 4.2배 불어나 있다.

3 │ 앞으로의 배당수익

3달러에 사두었으면 현재 배당률은 연 52.0%가 된다(2018년 4분기 배당금 0.39달러). 이 정도 배당률이면 죽을 때까지 쭉 보유할 종목이 될 것이다.

$$\text{연 } 52.0\% = \frac{(0.39\text{달러} \times 4)}{3\text{달러}} \times 100$$

미국 고정배당 우선주 추천!

보통주보다 배당순위가 높은 우선주

주식에는 보통주와 우선주가 있다. 대부분의 주식은 보통주(Common Stocks)여서 주식투자를 한다고 하면 보통주 투자를 말한다.

보통주는 주주총회에 참석해 찬반투표를 할 수 있는 권리가 부여돼 있지만 회사 오너(Owner)나 대주주가 아니라면 실익이 없다. 우선주는 투표권이 없는 대신 보통주 주주보다 배당에서 우선(Preferred)하는 권리가 있어 배당의 안정성이 높은 주식이다. 보통주를 가진 대주주에게 배당금을 주려면 우선주 주주들에게 반드시 배당을 해야 한다.

예금이자처럼 배당금을 받는 고정배당 우선주

주식투자라고 하면 손실에 대한 걱정이 앞서겠지만 미국 배당주 중에는 손실가능성이 매우 낮은 주식들이 있다. 고정배당 우선주라고 부르는 주식들이다. 예금이자처럼 배당금이 고정되어 있어서 고정배당 우선주(Fixed Coupon Preferred Stocks)라고 한다. 이들의 고정배당률은 연 5~8%여서 매력적인 배당수익을 안정적으로 확보할 수 있으며 주가의 안정성도 매우 높아서 손실가능성이 낮다.

이들 주식은 원금의 안정성을 중요하게 생각하거나 안정적인 생활비를 만들려는 사람들에게 적합한 유형으로, 배당투자의 비밀병기라고도 한다(2017년 1월 8일자 미국 〈월스트리트저널〉에 실린 "Secret Weapon for Yield : Preferred Stocks"라는 기사 제목에서 따온 말이다).

2017년 1월 8일자 미국 월스트리트저널 기사

미국에서 제일 큰 은행의 고정배당률 | 연 6.15%

미국에서 제일 큰 은행인 제이피모건체이스라는 은행지주회사(이하 '제이피모건')에서 발행한 우선주를 통해 고정배당 우선주의 특징을 알아보자(다른 회사의 고정배당 우선주들도 발행조건이나 구조가 비슷하다).

제이피모건은 총자산 2,700조원이 넘는 초대형 금융회사다. 우리나라 19개 은행의 총자산(2017년 말 2,362조원)을 더해도 제이피모건에 미치지 못한다. 제이피모건이 망한다는 건 미국 경제와 전세계 경제가 대공황에 빠져드는 것과 같은 엄청난 사건이니 배당금 떼일 걱정은 하지 않아도 된다.

제이피모건이 발행한 여러 종류의 우선주들 가운데 BB시리즈◆ 우선주를 살펴보자(다른 우선주들과 구분하기 위해 우선주에는 알파벳 시리즈명이 붙어 있다. BB시리즈 우선주의 종목코드는 JPM-H다).

BB시리즈 우선주는 25달러(액면가)를 기준으로 연 6.15%를 고정적으로 배

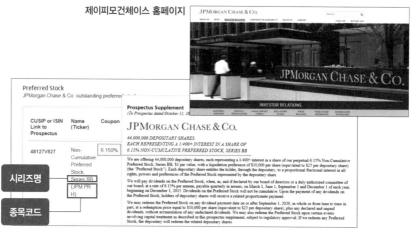

BB시리즈 우선주 발행 정보와 우선주 발행 신고서(출처 : 제이피모건 홈페이지)

당한다. 따라서 연간 배당금은 1.5375달러(25달러×연 6.15%)이며, 3개월마다 나누어 분기 배당금 0.384375달러(1.5375달러 ÷ 4)를 지급한다. **고정배당 우선주들은 배당금이 바뀌지 않는다.** 정해진 이자를 주는 채권의 특성이 있어 채권형 주식이라 할 수 있다.

고정배당 우선주의 특징, 우선주 매입권리

대부분의 고정배당 우선주에는 만기가 없다. 만기가 없는 우선주들은 종목명에 'Perpetual'이라고 붙어 있다. 하지만 만기도 없이 고정배당금을 계속 지급해야 한다면 이런 우선주를 발행할 회사는 없을 것이다. 따라서 우선주 발행 회사에게는 주주들에게 우선주를 매입해서 없앨 수 있는 권리가 있다. 이를 우선주 매입권리[**]라고 한다. 우선주 매입권리는 회사에 이익이 많이 나서 우선주를 없애고 싶거나, 배당률을 낮춰서 새로운 우선주를 발행하려고 할 때 행사한다.

이러한 매입권리는 2가지 내용으로 이뤄져 있다. 매입권리 발생 기준일(Callable date)과 매입가격에 관한 내용이다.

2015년 7월에 발행된 제이피모건 BB시리즈 우선주의 경우 매입권리 발생 기준일은 2020년 9월 1일 이후다. 매입권리는 회사의 선택사항이어서 기준

[*] 제이피모건체이스에서는 고정배당률이 다른 여러 종류의 우선주를 발행하고 있다. 여기서 설명하는 우선주는 2015년 7월에 발행된 우선주로서, 명칭은 'Perpetual 6.15% Non-Cumulative Preferred Stock, Series BB'다. 제이피모건체이스에서 발행한 우선주들의 발행조건과 발행문서는 회사 홈페이지 → Investor Relations → Fixed Income Information에 게시되어 있다.

[**] 매입권리가 부여되어 있는 우선주에는 'Callable'이나 'Redeemable'이라는 용어가 붙어 있다.

일이 지나면 언제든지 행사할 수 있으며, 매입권리를 행사할 경우 매입일의 30~60일 전에 주주들에게 통지를 한다. 그리고 주주들에게는 액면가와 동일한 25달러를 지급하는데 이를 매입가격◆이라고 한다.

BB시리즈 우선주 매입권리 행사 기준일(출처 : 제이피모건 홈페이지)

우선주 주가는 액면가(25달러)를 크게 벗어나기 어렵다

배당능력에 문제가 없다면 고정배당 우선주 주가는 액면가(25달러)에서 크게 벗어나지 않는다. 고정배당금이라는 요소와 액면가(대부분의 우선주 액면가는 25달러다)로 되살 수 있다는 매입조건이 붙어 있기 때문이다.

주가가 25달러보다 많이 떨어질 때 사면 배당률이 높아지고 매입권리가 행사되어도 25달러를 받을 수 있어 투자수요가 늘면서 주가가 오른다. 반대로 주가가 25달러보다 너무 높을 때 살면 매입권리가 행사될 때 원금손실을 볼 수 있다. 그래서 주가가 오르는 데는 한계가 있다. 이처럼 고정배당과 매입권

◆　　매입가격은 영어로 'Call price' 또는 'Liquidation Price'라고 한다.

리라는 요소가 주가를 잡아두는 구심점 역할을 하니 우선주 주가는 안정적일 수밖에 없다.

제이피모건 BB시리즈 우선주의 일자별 주가와 등락률을 살펴보면, 보통주와는 다르게 주가가 안정적인 것을 확인할 수 있다.

제이피모건의 BB시리즈 우선주, 보통주 주가(출처 : quotes.wsj.com)

미래에셋대우 해외주식 거래 어플 화면

우선주 투자수익, 프리미엄과 고정배당금을 함께 고려하라

제이피모건 BB시리즈 우선주의 2018년 12월 말 주가는 25.78달러다. 제일 큰 금융회사가 발행한 우선주다 보니 액면가보다 0.78달러의 프리미엄이 붙어 거래되고 있다. 따라서 매입권리가 행사될 경우 0.78달러만큼 원금에서 손해(-3.03%)를 볼 수 있다.

하지만 매입권리 발생시점(2020. 9. 1)까지 받을 수 있는 1년 8개월치 배당금이 프리미엄보다 많으므로 전체적인 손실은 발생하지 않는다. 또한 매입권리 행사가 늦춰질수록(매입권리 행사가 안 될 수도 있다) 고정배당금을 더 받을 수 있다.

2018년 12월 말 주가를 기준으로 한 BB시리즈 우선주 배당률은 연 5.96% 다(고정배당금 연 1.5375달러 ÷ 주가 25.78달러 × 100).

중소형 우선주 주가도 안정적! 고정배당률 연 8.0%

미국에서 제일 큰 금융회사가 연 6%대로 우선주를 발행하니 중소형 회사 들은 연 7~8%에 발행을 한다. 하지만 이들 중소형 우선주들도 고정배당과 매 입권리라는 요소로 인해 주가 움직임은 안정적이다. 배당금 지급에 문제가 없 다면 주가가 25달러를 크게 벗어날 이유가 없기 때문이다.

아래의 주가 그래프는 중소형 회사인 페니맥 모기지 인베스트먼트 트러스트 의 보통주와 우선주 주가를 비교한 그래프다. 이 회사 우선주는 25달러를 기준 으로 연 8.0%의 고정배당금을 주는 우선주로서 2018년 말에 주가가 약간 내려 가면서 연말엔 23.44달러로 마감하였다.

페니맥 모기지 인베스트먼트 트러스트의 우선주, 보통주 주가(출처 : quotes.wsj.com)

23.44달러에 매입한 경우 배당률은 연 8.53%(2달러 ÷ 23.44달러 × 100)로 높아지며 매입권리(2024. 6. 15. 이후)가 행사될 경우 원금에서도 6.66%(차익 1.56달러 ÷ 23.44달러 × 100)의 수익을 확보하게 된다. (우선주들도 투자자들의 과잉반응으로 간혹 주가가 많이 떨어지는 경우가 있다. 그러나 우선주의 주가 회복력은 매우 빨라서 원래 주가로 회복하는 데 그리 오래 걸리지 않는다. 이 회사 우선주 주가는 2019년 1월에 예전 주가를 회복하였다. 2019년 1월 25일 주가는 24.73달러다.)

미국 우선주 직접투자가 부담스럽다면, 우선주 ETF 추천

우선주 직접투자가 부담스럽다면 미국 우선주 ETF(Exchange Traded Fund)에 투자하는 방법이 있다. 미국 우선주 ETF들은 100~450여개 종목의 우선주에 투자하면서 대부분 한 달마다 배당을 한다. 매월 주는 배당금은 일정하지 않지만 연간 단위로 보면 연 6% 내외 배당수익을 얻을 수 있다. (첫째마당 09장에서 우선주 ETF들을 소개한다. 우선주 ETF 투자는 주식투자와 거래방법이 동일하다. 해외주식계좌를

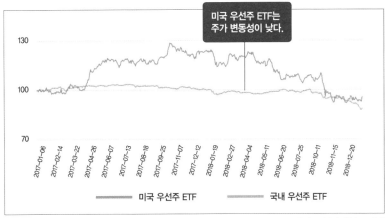

미래에셋 타이거 국내 우선주 ETF와 아이셰어즈 미국 우선주 ETF　　＊ 타이거 우선주 상장일 이후(2017년~)

개설해서 온라인으로 사고팔 수 있다.)

앞의 그래프는 미국 우선주에 투자하는 ETF와 한국 우선주에 투자하는 ETF의 주가 흐름을 비교한 그래프다. 미국 우선주 ETF는 주가 변동성이 낮은 반면 한국 우선주 ETF는 큰 변동성을 보여준다. 국내 우선주들은 고정배당을 하지 않아 주가를 잡아주는 구심점이 없기 때문이다.

🔵 tip 우선주 배당정보 확인하는 방법은?

1 | 우선주 배당정보를 모아놓은 사이트

우선주 배당정보는 각 회사 홈페이지에 공시되어 있다. 그 외에 여러 우선주들의 발행정보(고정배당률, 매입권리 발생 기준일, 매입가격 등)를 조회할 수 있는 무료 사이트로 프리퍼드 스탁 채널(preferredstockchannel.com)이 있다.

이 사이트 검색창에 종목코드를 치면 책에서 소개하는 우선주들의 정보를 전부 조회할 수 있으며 금융감독 당국에 제출한 증권발행 신고서도 살펴볼 수 있다.

아래 화면은 프리퍼드 스탁 채널에서 찾아본 제이피모건의 BB시리즈 우선주(JPM.PRH) 정보다(프리퍼드 스탁 채널의 우선주 종목코드 형식은 JPM-H가 아닌 JPM.PRH다). 몇 가지 중요 용어만 익숙해지면 종목정보가 쉽게 눈에 들어올 것이다.

프리퍼드 스탁 채널(www.preferredstockchannel.com)

우선주 용어 정리

- Series : 시리즈명
- Alternate symbology : 다른 형식의 종목코드
- Redeemable? : 우선주 매입권리 유무
- Call Date : 매입권리 발생 기준일
- Perpetual? : 우선주 만기설정 여부
- Cumulative? : 누적적 우선주 여부
- Shares Offered : 발행 주식수
- Overallotment : 초과배정 가능 수량
- Liquidation Preference : 매입가격
- Recent Market Price : 우선주 주가
- Premium to Liquidation Preference : 매입가격 대비 프리미엄
- Annualized Dividend : 연간 배당금
- Recent Ex-Date : 배당락 기준일
- Current Yield : 현재 배당률
- Original Coupon : 고정배당률
- Pay Period : 배당주기
- Pay Dates : 배당금 지급일

2 | 주식 사이트마다 전부 다른 우선주 종목코드 형식

우선주 종목코드는 검색하는 사이트별로 코드 형식이 전부 다르다. 앞에서 소개한 제이피모건의 우선주(고정배당률 연 6.15%, BB시리즈)를 예로 들면, 사이트별 종목코드 형식은 아래와 같다. (프리퍼드 스탁 채널을 제외한 대부분의 사이트에서는 주가와 배당률 정보 등 기본적인 정보만 제공하는 편이다. 필요한 정보를 한꺼번에 조회할 수 있는 무료 사이트는 없다.)

- 한국 증권사 해외주식 거래 어플:
  JPM-H
- 프리퍼드 스탁 채널(preferredstock channel.com) : JPM.PRH
- 월스트리트저널(quotes.wsj.com) : JPM. PH
- 나스닥(Nasdaq.com) : JPM.PRH
- 모닝스타(morningstar.com) : JPMPH
- 시킹알파(seekingalpha.com) : JPM.PH
- 구글 파이낸스(finance.google.com) : JPM-H
- 야후 파이낸스(finance.yahoo.com) : JPM-PH

구글(google.com)에서 조회한
제이피모건 BB시리즈 우선주

미국 배당주 투자법 5단계

08

1단계 │ 해외주식계좌 개설하기

　미국 배당주에 투자하려면 해외주식계좌가 필요하다. 증권사 지점에 직접 방문해 개설할 수도 있고 주식계좌 개설 어플리케이션(이하 '어플')을 다운받아 온라인에서 개설할 수도 있다. 계좌개설 어플로 주식계좌를 만들었다면 본인이 직접 온라인에서 외화증권 약정과 해외주식 매매신청 약정을 해야 한다. 은행전용 인증서는 사용할 수 없으므로 증권용 공인인증서가 없다면 어플에서 신규 발급받아야 한다.

증권사 주식계좌 개설 어플

미래에셋대우　키움증권　NH투자증권　유안타증권

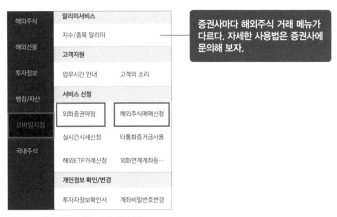

미래에셋대우 해외주식 거래 어플 화면

국내 주식시장에 대한 실망감으로 해외주식에 투자하는 투자자들이 점점 늘고 있다. 2018년 상반기 투자금액만 20조원이 넘는다. 증권사들도 신규계 좌 개설시 다양한 혜택을 제공하고 있으니 해외주식계좌 하나 정도는 가지고 있자.

- 환전수수료 부담도 덜어…연초 마케팅 경쟁 '후끈'(이데일리, 2019. 1. 17)
- 해외주식 '조단위' 시대 증권사 해외직구족 잡는다 (화이트페이퍼, 2019. 1. 10)
- 온라인 소액투자 늘어…최소수수료 '폐지' 확산 (프라임경제, 2019. 1. 11)
- 강남 부동산 못지않은 수익률, 미국 기업에 투자하실래요? (중앙일보, 2019. 1. 20)

2단계 | 관심종목 등록하기

해외주식계좌를 개설했으면 증권사 거래 어플을 다운받은 후 이 책에서 소 개하는 종목들을 관심종목으로 등록해 두자. 관심종목 그룹(카테고리)은 본인

취향에 따라 자유롭게 구성하면 된다. 이 책에서 구분하는 방식에 따라 ① 우선주, ② 배당성장주, ③ 고배당주로 구분하는 것도 하나의 방법이다.

증권사 거래 어플

미래에셋대우　키움증권　NH투자증권　유안타증권

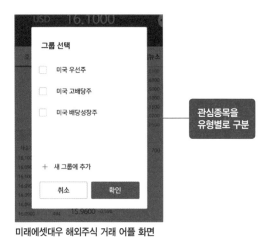

미래에셋대우 해외주식 거래 어플 화면

3단계 │ 종목 선정하기 : 왕초보는 미국 고정배당 우선주부터 시작!

미국 주식에 대한 투자가 처음이라면 고정배당 우선주부터 가볍게 시작해보자. 처음부터 원금손실 가능성이 높은 주식에 곧바로 투자할 필요는 없다. 고정배당 우선주 투자로 시작해서 투자금액과 투자종목을 조금씩 늘려가는 것이다.

고정배당 우선주에 투자하면 연 5~8% 정도의 배당수익을 확보할 수 있다. 한 달에 50만원씩 5년간 사모을 경우 5년 뒤 원금은 3천만원, 배당소득은 600만원 내외(세전)가 될 것이다. 연 2% 이율의 은행 적금에 가입할 경우 5년 뒤 이자금액은 156만원(세전)밖에 되지 않는다. 또한 우선주에 적립된 자금은 원금 손실 가능성이 적어서 다른 종목에 투자할 수 있는 종잣돈(Seed Money) 역할도 할 수 있다.

적금 투자와 배당 투자 5년 후 수익 비교

은행 적금 투자 5년 후
3천만원(원금) +
156만원(이자/세전)

고정배당 우선주 투자 5년 후
3천만원(원금) +
600만원 내외(배당/세전)

약 450만원 차이!

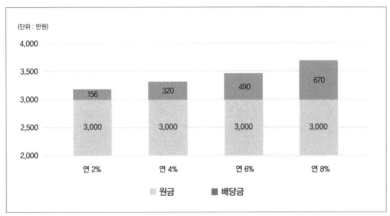

월 50만원씩 5년간 투자할 경우 배당률별 원금과 배당금(세전)   * 세금, 환율, 거래비용 등은 고려하지 않음

4단계 | 환전과 주문하기

■ 온라인 환전

환전은 해외주식계좌에서 온라인으로 할 수 있다. 요즘은 별도의 환전 절차 없이 투자할 수 있도록 만들어놓은 자동환전 서비스도 있다. 달러화로 환전한 후 사고 싶은 종목을 골라 수량과 가격만 입력하면 된다.

미래에셋대우 해외주식 어플 환전 화면

신청금액 입력

배당주 검색 주문 방법

코카콜라(KO) 검색	제이피모건 BB시리즈 우선주(JPM-H) 검색	주문 (가격, 수량)

수량 입력

미래에셋대우 해외주식 어플 화면

환전 서비스는 한두 번 해보면 익숙해질 것이다. 보통주는 한글 검색 지원이 되지만 우선주는 한글로는 검색이 잘 안 되는 편이다. 우선주는 종목코드를 알아두거나 영문 회사이름으로 검색하자.

미국 주식 거래는 시차가 있어 실시간으로 거래하려면 우리 시간으로 밤에 거래해야 한다. 하지만 미국 배당주 투자는 단기간의 시세차익이 중요하지 않으니 예약주문 기능을 활용하고 다음날 확인해도 충분할 것이다. 아래의 거래시간은 우리나라 시간 기준이다(서머타임 기간에는 한 시간씩 앞당겨진다).

■ 미국 주식 거래시간

기간	거래시간(우리나라 시간 기준)
미국 일반 주식 거래시간	밤 11시 30분 ~ 다음날 오전 6시
미국 서머타임 기간의 거래시간 (2019년 기준 서머타임 기간 : 3월 10일 ~ 11월 3일)	밤 10시 30분 ~ 다음날 오전 5시

참고로 증권사에서 제공하는 미국 주식 시세는 15분 지연시세다. 실시간 시세를 보려면 별도로 신청해서 매달 수수료를 내야 한다. 단타매매를 할 게 아니라면 예약주문과 15분 지연시세로도 충분하다.

5단계 | 나만의 배당주 포트폴리오 만들기

1 | 관심종목에 소액으로 투자해 두기

관심 가는 종목이 있다면 1~2주라도 사두는 게 좋다. 실제로 투자하고 있어야 가시권에 둘 수 있다. 계속해서 지켜보면서 종목에 대한 이해도를 높여나가야 한다. 소액으로 투자한 종목 중에 좀더 투자해 보고 싶은 종목들이 눈에 들어온다면 목표배당률을 설정하고 조금씩 매수해 보자. 연간 배당금이 100원이고 본인의 목표배당률이 10%라면 해당 종목은 1,000원에 매입하면 된다. 처음부터 큰돈을 투자할 필요는 없다. 투자기회는 언제든 다시 온다.

$$매입가 \;=\; 연간\ 배당금 \;\div\; 목표배당률$$

2 │ 투자방법 및 투자목표 설정하기

미국 배당주 투자에 익숙해졌다면 지금부터는 좀 더 짜임새 있는 투자가 필요하다. 가장 먼저 할 일은 본인의 투자목표와 투자방법을 결정하는 것이다.

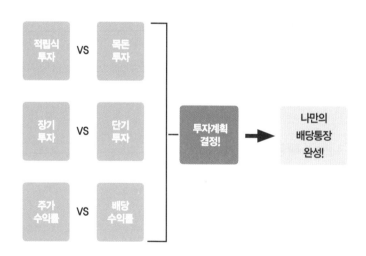

전체적인 자금상황을 고려해 적립식으로 투자할지, 목돈으로 투자할지, 투자기간과 투자수익 목표(배당률 목표)는 어느 정도로 잡을지 개략적으로 그려보자. 정밀하게 계획한다고 원하는 목표가 달성되는 것은 전혀 아니다. 목표와 방법은 계속해서 바뀔 것이니 대강의 스케치를 그려두는 것으로 충분하다. 계획보다 중요한 것은 멈추지 않고 계속 투자하는 것이다. 계속하다 보면 목표와 계획이 점점 구체화된다. 배당투자의 최종 결과물은 든든한 배당통장이다.

3 | 배당 포트폴리오 만들어가기

투자목표와 투자방법이 그려졌다면 대략적인 포트폴리오를 구성해 보자. 투자원금 증대와 계속적인 배당률 인상에 우선순위를 둔다면 배당성장주 중심으로 포트폴리오를 구성하고, 지금의 배당수익 쪽에 무게중심을 둔다면 고배당주와 고정배당 우선주 비중을 높이는 방식으로 종목 구성을 하면 된다. 10% Rule을 염두에 둔다면 10개 내외의 배당주로 포트폴리오를 꾸밀 수 있다 (10% Rule 관련 내용은 27쪽 참고).

■ **목돈 3천만원과 매월 50만원 투자시 배당통장 포트폴리오 예시**

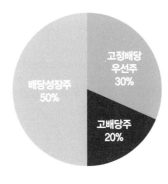

◆ 투자금액 : 목돈 3천만원 + 매월 50만원
◆ 투자기간 : 5년
◆ 5년후원금 : 6천만원
◆ 목표배당률 : 5년 후 연 8%

미국 배당주 투자 기본기 1

09

수수료, 세금, 기준일

미국 주식 거래수수료, 기본수수료를 확인하자!

미국 주식을 거래할 때 온라인 거래수수료는 주문금액의 0.10~0.25%다. 자주 매매할 게 아니라면 큰 차이는 없다. 그러나 거래수수료 중에 기본수수료 항목은 확인할 필요가 있다. 기본수수료는 주문금액이 기준금액보다 적을 경우 받는 최소한의 수수료다.

예를 들어 기본수수료로 10달러를 받는 증권사라면 10달러짜리 주식 1주를 사더라도 10달러의 수수료를 내야 한다. 수익률이 100%가 되어야 본전이되는 셈이니 **적립식이나 소액투자를 할 투자자라면 기본수수료가 없는 증권사를 이용하는 게 좋다.**

증권사 기본수수료 체크리스트

- 기본수수료가 있는가?　　　　　　　　　　　　　yes ☐　　no ☐
- 기본수수료가 있다면 '최소주문금액'이 얼마인가?　　　＿＿＿＿＿ 원

배당투자 세금 한눈에 살펴보기

1 │ 배당소득 종합과세 실효세율 15%(예금이자 세율과 비슷)

한미 조세협약에 따라 한국 투자자에게 적용되는 배당소득세는 15.0%◆다. 달러금액을 기준으로 미국에서 원천징수된다. 그러나 미국 주식 배당소득은 우리 세법상 종합과세 대상이어서 다른 금융소득을 합친 금액이 연간 2천만원이 넘으면 종합과세가 적용된다.

복잡하게 생각할 것 없이 결론만 말하자면, 다른 소득이 전혀 없고 미국 주식 배당소득만 있다고 할 때 **연간 배당소득이 7천만원 이내라면 종합과세 실효세율은 15%다**(은행 예금이자에 대한 원천징수 세율인 15.4%와 비슷하다). 배당소득이 7천만원을 넘으려면 최소 10억원 이상은 투자해야 한다(이 정도 자산가는 이 책의 독자로 상정하고 있지 않으니 배당세율은 15%라고 보면 된다).

다음 표는 배당률 연 7%를 기준으로 종합과세 세율을 정리한 내용이다.

◆　　배당률이 높다는 이유로 합자회사에 투자했다가 세금을 많이 냈다는 이야기를 종종 듣곤 한다. 미국 합자회사 배당금에 적용되는 국내 투자자의 세금은 15.0%가 아닌 39.6%다. 합자회사의 과세체계는 주식회사와는 다르다. 합자회사는 종목명 뒤에 'LP' 또는 'Limited Partner'라고 적혀 있다. 석유시추 업체나 에너지 업체들이 많다. 이 책에서는 합자회사(LP)를 다루지 않는다.

10억원 이내로 투자해서 연간 배당금이 7천만원 이내라면 종합과세가 적용되더라도 세율은 15%다. (계산 편의상 환율은 고려하지 않았다.)

■ **배당률 연 7% 기준 종합과세 실효세율**

투자금액	연 배당금 (세전)	실효세율	연 배당금 (세후)	월 배당금 (세후)	환율이 ±10% 변할 경우
2억원	1,400만원	15%	1,190만원	99만원	89~109만원
3억원	2,100만원	15%	1,785만원	149만원	134~164만원
4억원	2,800만원	15%	2,380만원	198만원	179~218만원
5억원	3,500만원	15%	2,975만원	248만원	223~273만원
6억원	4,200만원	15%	3,570만원	298만원	268~327만원
7억원	4,900만원	15%	4,165만원	347만원	312~382만원
8억원	5,600만원	15%	4,760만원	397만원	357~436만원
9억원	6,300만원	15%	5,355만원	446만원	402~491만원
10억원	7,000만원	15%	5,950만원	496만원	446~545만원
15억원	1억 500만원	17%	8,715만원	708만원	638~779만원
20억원	1억 4,000만원	22%	10,990만원	891만원	802~980만원

연 배당금이 7천만원
이상이면 세율 15% ↑

* 계산 편의상 환율, 거래비용, 지방세 등은 고려하지 않았다.

2 | 매매차익과 양도소득세 : 단일세율 22%

주식을 팔아서 남긴 수익(매매차익)에 대해서는 양도소득세가 부과된다. **양도소득세는 종합과세 대상은 아니어서 22%의 단일세율이 적용된다.** 1년 동안 사고판 주식 중에 이익을 본 금액과 손실을 본 금액을 모두 합산해서 전체적으로 이익이 나야만 과세된다. 그리고 **매매차익 중 250만원이 기본적으로 공제**된다.

양도소득세는 매매차익이 250만원이 안 되더라도 이듬해 5월에 국세청에 신고해야 한다. 250만원이 넘는지 국세청은 모르기 때문이다(배당소득세는 다른 금융소득과 함께 2천만원이 넘어가면 종합과세 확정신고를 해야 한다). 대부분의 증권사에서 대행 서비스를 해주고 있으니 참고하자.

배당금을 받기 위한 기준일은 언제?

미국 주식을 사서 배당금을 받으려면 미국 회사의 주주명부에 등록돼야 한다. 주주명부에 등록되려면 '배당락(Ex-Dividend day) 하루 전날'까지 주식을 사둬야 한다. 배당락 날짜는 회사들이 공시해 주며 여러 증권 사이트에서도 쉽게 확인이 되니 '배당락 −1일'까지 주식을 사두면 된다.

그러나 한국 증권사를 통해 나간 주문이 주주명부에 등록되려면 보통 3일(영업일)이 소요된다. 따라서 **'배당락 − 4일 전'에는 주문하는 게 좋다**(증권사마다 결제일에 다소 차이가 있다). 배당금만 받고 곧바로 팔 요량이 아니라면 크게 신경 쓸 부분은 아니다. 배당금은 보통 한 달 정도 뒤에 주식계좌로 입금된다.

T−4일	T−3일	T−2일	T−1일	T일(배당락)
주문일	−	−	주주명부 등록 기준일	배당자격 상실

배당락 −4일 전 주문할 것

국내에서 미국 배당주로 배당통장을 만들어 배당금을 받아 생활하다가 배우자나 자녀에게 상속이나 증여를 통해 양도할 경우 세금 측면에서 혜택을 볼 수 있다. 해외주식을 매도(양도)할 때는 투자수익(250만원 기본공제)에 대해 22%의 양도소득세를 내야 하는데 상속이나 증여를 통해 양도(이전)할 때는 22%의 양도소득세를 부담하지 않는다. 대신 상속세나 증여세를 내야 하는데 상속세나 증여세는 기본 공제금액이 커서 자산가가 아니라면 세금이 줄어들 여지가 있다. 또한 장기투자를 통해 배당률이 높은 주식을 상속(증여)한다면 꾸준한 현금수입을 상속(증여)하는 효과도 얻을 수 있다.

■ **증여 공제 한도**

증여대상	배우자	성년 자녀	미성년 자녀
공제한도	6억원	5천만원	2천만원

* 증여재산공제 한도는 10년 동안 증여한 재산의 전체 합계를 기준으로 한다.

■ **상속 공제 한도**

상속 공제는 기초공제, 일괄공제, 배우자 공제 등 공제 유형이 다양하고 경우의 수에 따라 공제한도가 달라지므로 일률적으로 공제한도를 말하기는 어렵다. 자산가가 아닌 일반 서민의 경우 통상 배우자 공제 5억원에 일괄공제 5억원을 더해서 총 10억원을 공제받는 경우가 많다.

10 배당금 정보 사이트

시킹알파(seekingalpha.com)

별도 회원가입 없이도 배당금 정보와 주가정보, 재무정보 등을 모두 확인할
수 있다. 아래 화면은 시킹알파에서 조회한 리얼티 인컴의 월별 배당금이다.
수십 년치의 배당금 정보를 그래프로 한눈에 확인할 수 있다. (노트북이나 데스크
탑에서만 조회할 수 있다.)

시킹알파(seekingalpha.com)에서 조회한 리얼티 인컴 배당금 그래프

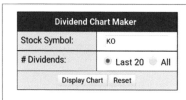

Dividend History							Download to Spreadsheet
	Declare Date	Ex-Div Date	Record Date	Pay Date	Frequency	Amount	Adj. Amount
▼ 2018							
	12/11/2018	12/31/2018	1/2/2019	1/15/2019	Monthly	0.2210	
	11/16/2018	11/30/2018	12/3/2018	12/14/2018	Monthly	0.2205	
	10/16/2018	10/31/2018	11/1/2018	11/15/2018	Monthly	0.2205	
	9/18/2018	9/28/2018	10/1/2018	10/15/2018	Monthly	0.2205	
	8/21/2018	8/31/2018	9/4/2018	9/14/2018	Monthly	0.2200	
	7/17/2018	7/31/2018	8/1/2018	8/15/2018	Monthly	0.2200	
	6/19/2018	6/29/2018	7/2/2018	7/13/2018	Monthly	0.2200	
	5/18/2018	5/31/2018	6/1/2018	6/15/2018	Monthly	0.2195	
	4/17/2018	4/30/2018	5/1/2018	5/15/2018	Monthly	0.2195	
	3/13/2018	3/29/2018	4/2/2018	4/13/2018	Monthly	0.2195	
	2/16/2018	2/28/2018	3/1/2018	3/15/2018	Monthly	0.2190	
	1/16/2018	1/31/2018	2/1/2018	2/15/2018	Monthly	0.2190	

- Declare Date : 배당 발표일
- Ex-Div Date : 배당락 기준일
- Record Date : 주주명부 확정일
- Pay Date : 배당금 지급일
- Frequency : 배당주기
- Amount : 배당금
- Adj. Amount : 주식분할 조정 배당금 ◆

시킹알파에서 조회한 리얼티 인컴 배당금 지급 내역

디비던드 차트메이커(buyupside.com)

구글에서 Dividend Chart Maker로 검색해 들어가거나 buyupside.com에
접속하면 모바일에서도 배당금 그래프를 한눈에 확인할 수 있다. 아래 화면은
모바일에서 조회한 코카콜라의 배당금 그래프다.

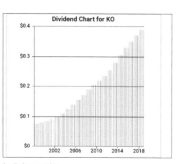

디비던드 차트메이커(buyupside.com) 제공 코카콜라 배당금 그래프

◆　　　**Adj.Amount** : 주식분할까지 반영된 정확한 배당금이다. 최근에 주식분할이 없었다면 배당금
(Ammount)과 주식분할 조정 배당금(Adj.Amount)은 동일하다.

나스닥 어플(Nasdaq)

나스닥 어플을 설치하면 모바일에서도 배당금 정보(Dividend History)를 조회할 수 있다. 아래 화면은 나스닥 모바일 어플에서 조회한 3M의 배당금 지급 내역이다.

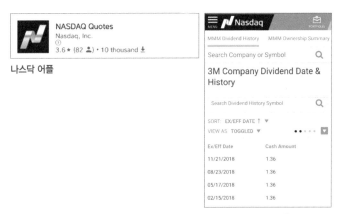

나스닥 어플

나스닥 어플에서 조회한
3M의 배당금 지급 내역

미국 배당주 용어를 알아두면 좋다. 번역기 사용에 한계가 있기 때문이다. 아래 용어를 참고해 시킹알파, 프리퍼드 스탁 채널 등 이 책에서 소개한 사이트에서 관심 있는 종목의 정보를 확인해 보자. 처음엔 어렵게 느껴지더라도 금세 용어에 익숙해질 것이다.

1 | 우선주 용어

- Preferred Stock : 우선주
- Series : 우선주 시리즈명
- Alternate symbology : 다른 형식의 종목코드로 'ticker'라고도 한다(우선주는 조회 사이트별로 종목코드가 다르다)
- Redeemable : 매입권리가 있는 우선주(Callable이라고도 한다)
- Call Date : 매입권리 발생 기준일
- Perpetual : 만기가 없는 우선주들을 'Perpetual Preferred stock'이라고 한다.
- Cumulative : 누적적 우선주
- Non-Cumulative : 비누적적 우선주
- Shares Offered : 발행한 우선주 주식수
- Liquidation Preference : 매입가격(매입권리가 행사될 경우 주주들에게 지불하는 가격. Call price라고도 한다)
- Premium to Liquidation Preference : 매입가격(액면가) 대비 프리미엄
- Annualized Dividend : 연간 배당금
- Recent Ex-Date : 배당락 기준일
- Current Yield : 현재 배당률
- Original Coupon : 고정배당률
- Pay Period : 배당주기
- Pay Dates : 배당금 지급일

2 | 배당금 정보 용어

- Dividend History : 배당 히스토리
- Declare Date : 배당 발표일(이사회에서 배당금을 지급하기로 결정한 날)
- Ex-Div Date : 배당락 기준일
- Record Date : 주주명부 확정일
- Pay Date : 배당금 지급일
- Frequency : 배당주기
- Amount : 배당금
- Adj. Amount : 주식분할 조정 배당금. 주식분할까지 반영된 정확한 배당금을 말한다. 최근에 주식분할이 없었다면 배당금(Ammount)과 주식분할 조정 배당금(Adj. Amount)은 동일하다.
- Dividend Summary : 배당 요약
- Last Announced Dividend : 최근 배당금 공시 내역
- Dividend Yield (FWD) : 연간 예상 배당률
- Annual Payout (FWD) : 연간 예상 배당금
- Payout Ratio : 배당성향
- 5 Year Growth Rate : 최근 5년 연평균 배당금 인상률
- Dividend Growth : 배당금 연속 인상 연수

초보자를 위한
투자
체크리스트

미국 배당주 투자지도

배당 히스토리를 확인했는가? yes ☐ no ☐

배당 히스토리의 핵심은 경기민감도와 회복력

배당투자의 첫걸음은 배당 히스토리(History) 파악에 있다. 배당 히스토리를 통해 주주배당의 일관성과 배당패턴을 살펴보는 것이다.

배당 히스토리에서 눈여겨볼 부분은 **배당금의 경기민감도와 회복력**이다. 경기가 좋을 때는 대부분 배당금을 인상해 준다. 따라서 경기가 나쁠 때를 살핌으로써 배당금 감소 가능성을 점검할 수 있다. 또한 불황기의 배당 히스토리나 배당금 감소 패턴에서는 산업별 특성도 엿볼 수 있다.

하지만 배당금이 줄어든 적이 있다는 이유로 투자대상에서 배제할 필요는 없다. 배당금의 안정성은 현재를 기준으로 판단하면 된다. 따라서 최근 배당금 인상률이나 인상속도를 주목할 필요가 있다. 배당금이 인상되고 있다는 건

사업환경과 사업실적이 좋다는 방증이기 때문이다.

여기서는 주로 배당금이 줄어든 적이 있거나 배당패턴이 특이한 회사들의 배당 히스토리를 소개할 것이다. 회사에 대한 이해보다는 여러 유형의 배당패턴에 대한 감각을 키우는 데 초점을 두자. 배당 히스토리가 시작되는 시점은 2007년부터다. 2008년 금융위기 전후를 비교해 보기 위함이다.

제이피모건체이스(JPM) 사례

총자산 2,700조원이 넘는 미국에서 제일 큰 금융회사다. 배당금을 꾸준히 잘 주는 회사지만 2008년 금융위기로 인해 2009년에 정기배당금을 87% 줄인 적이 있다. 이후 2011년부터 다시 인상하면서 지금까지 매년 배당금을 올려주고 있다.

사실 제이피모건체이스(이하 '제이피모건')는 2008년 금융위기 당시에도 건재한 회사였다. 파산위기에 몰린 금융회사들에게 미국 연방준비은행을 대신해서 150조원(1,380억 달러)의 긴급자금을 지원하고, 금융위기 확산을 막기 위해 부실 금융회사를 인수하기도 했다.

최근 미국 금융회사들의 실적과 재무건전성(Stress Test◆ 참고)이 좋아지면서 대형 금융회사들의 정기배당금이 많이 인상되었다. 제이피모건은 2018년 하반기에 정기배당금을 43% 인상(0.56달러 → 0.90달러)했다. 현재 배당률은 연 3.29%다.

◆　　**Stress Test** : 미국 금융감독 당국에서는 2008년 금융위기를 되풀이하지 않기 위해 1년마다 정기적으로 대형 금융회사(35개 은행지주회사)들을 대상으로 스트레스 테스트를 한다. 심각한 경제상황(Severe global recession)을 가정해 금융회사들의 안정성을 점검하는 것이다. 2018년 6월에 발표된 결과는 모두 양호한 것으로 나타났다. 이후 대형 금융회사들이 배당금을 대폭 인상했다.

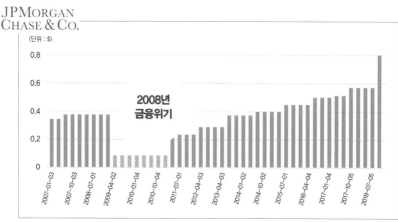

제이피모건(JPM) 배당 히스토리

피엔씨 파이낸셜 서비스 그룹(PNC) 사례

우리나라에는 많이 알려지지 않았지만 자산규모 420조원의 대형 은행지주
회사(8위)다. 이 회사 배당 히스토리도 제이피모건과 비슷하다. 금융위기로 인
해 0.66달러였던 배당금이 85% 줄어들어 0.1달러까지 떨어졌다. 이후 2011년

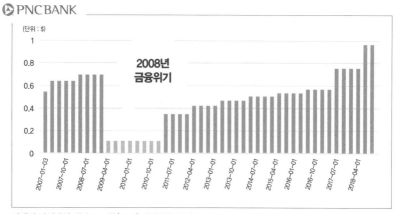

피엔씨 파이낸셜 서비스 그룹(PNC) 배당 히스토리

부터 계속해서 배당금을 빠른 속도로 인상하고 있으며, 2018년 하반기에 정기배당금을 27%(0.75달러 → 0.95달러) 인상했다. 현재 배당률은 연 3.25%다.

호스트 호텔 & 리조트(HST) 사례

미국 내 대도시나 하와이 같은 휴양지에서 최고급 호텔과 리조트를 운영하는 회사(시가총액 15조원)다. 2008년 금융위기로 인해 정기배당금이 95% 감소한 뒤 2014년 9월에 예전 수준을 회복했지만 정기배당금은 현재까지 동결 상태다.

호텔 사업은 경기민감도가 높으면서 마진율이 낮아서 배당수익과 주가수익의 성장성은 떨어지는 편이다. 그러나 경기가 안정적인 국면에서는 연 5~7% 내외의 배당금을 꾸준히 주는 업종이기도 하다. 호스트 호텔 & 리조트의 현재 배당률은 연 4.80%다. (2010년 이후 배당금이 적게 나온 회색 부분은 특별배당금이다.)

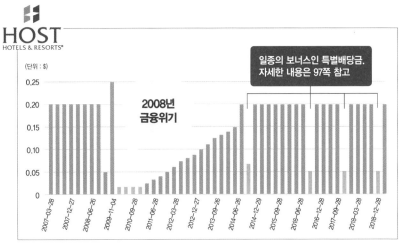

호스트 호텔 & 리조트(HST) 배당 히스토리

에이치씨피(HCP) 사례

배당주로 유명한 헬스케어 관련 회사로 실버타운과 병의원 등 메디컬빌딩 임대사업을 하는 리츠회사다(부동산 임대사업을 하면서 이익의 90% 이상을 배당하는 회사들을 리츠회사라고 한다. 앞에서 본 리얼티 인컴도 리츠회사다).

헬스케어 관련 회사들은 경기민감도가 낮아서 배당금의 안정성이 높은 축이다. 이 회사도 금융위기 시기를 포함해 25년 이상 매년 배당금을 올려준 배당챔피언이었다. 그러나 2016년에 처음으로 배당금이 줄었는데, 그 이유는 사업구조를 재편하면서 수익의 25%를 차지하던 사업부문을 다른 회사로 이관했기 때문이다(주주들은 다른 회사 주식을 교부받았다).

이처럼 경기변동에 큰 영향을 받지 않는 회사들도 사업부문 매각이나 실적 악화 등 회사 고유 요인에 의해 배당금이 줄어들기도 한다. 에이치씨피는 시가총액 15조원의 회사로, 현재 배당률은 연 5.30%다.

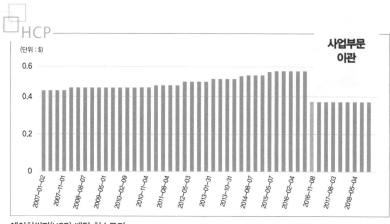

에이치씨피(HCP) 배당 히스토리

테바(TEVA) 사례

제약업종에는 유명한 배당주들이 많다. 사람들이 아픈 건 경기와 상관이 없어서 경기 사이클과 관계없이 꾸준히 배당을 하기 때문이다. 우리나라에도 많이 알려진 대형 제약회사들(존슨앤존슨, 릴리, 머크, BMS 등) 모두 금융위기 당시에도 배당금을 줄이지 않았다. 대신 이들 업종의 배당금은 신약 개발이나 인수합병 등 회사 고유 요인에 영향을 받는다.

테바는 이스라엘에 본사를 둔 글로벌 제약회사로 M&A로 성장해 온 회사다 (미국 주식시장에는 외국 회사들도 많이 상장되어 있다). 2008년 금융위기 당시 배당금을 소폭 줄였다가 곧바로 인상하면서 배당금 인상 추세를 이어갔다.

그러나 2016년에 추진한 대형 M&A가 잘못되면서 2017년에 배당금을 75% 줄였으며, 2018년부터 배당을 전면 중단하였다. 제약업종은 경기변동보다 회사 자체의 경쟁력이 중요하다는 걸 보여준다.

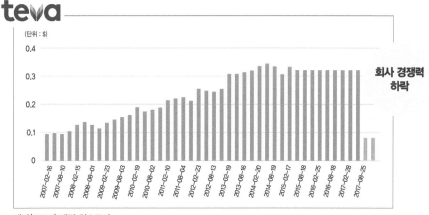

테바(TEVA) 배당 히스토리

앞서 소개한 시킹알파(seekingalpha.com) 사이트에서 현재 주가 수준에서의 배당률, 최근 5년의 배당금 인상률, 배당금을 매년 인상해 온 연수 등을 확인할 수 있다. 아래는 시킹알파에서 조회한 제이피모건(JPM)의 배당금 정보다.

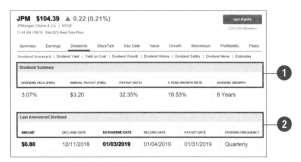

시킹알파 제공 제이피모건 배당금 정보

❶ Dividend Summary (배당 요약)
- DIVIDEND YIELD (FWD) : 연간 예상 배당률
- ANNUAL PAYOUT (FWD) : 연간 예상 배당금
- PAYOUT RATIO : 배당성향
- 5 YEAR GROWTH RATE : 최근 5년 연평균 배당금 인상률
- DIVIDEND GROWTH : 배당금 연속 인상 연수

❷ Last Announced Dividend(최근 배당금 공시 내역)
- AMOUNT : 배당금
- DECLARE DATE : 배당 발표일(이사회에서 배당금을 지급하기로 결정한 날)
- EX-DIVIDEND DATE : 배당락 기준일
- RECORD DATE : 주주명부 확정일
- PAYOUT DATE : 배당금 지급일
- DIVIDEND FREQUENCY : 배당주기

초보자 투자 체크리스트

배당금의 종류를 확인했는가? | yes □ | no □

정기배당금과 특별배당금

미국 기업의 배당금은 정기배당금과 특별배당금으로 구분된다. 정기배당금은 분기나 월 단위로 정기적으로 지급하는 배당금이며, 특별배당금은 회사 실적이 좋을 때마다 추가적으로 지급하는 보너스 개념이다. (회사들은 배당금 지급을 공시할 때 정기배당금과 특별배당금을 구분해서 공시한다. 정기배당금은 'Regular' 또는 'Quarterly(Monthly)'로 표시되어 있으며, 특별배당금은 'Special' 또는 'Other'라고 표시되어 있다.)

특별배당금은 말 그대로 보너스 성격이어서 연속성이 떨어진다. 따라서 배당률을 계산할 때 특별배당금까지 반영해 계산됐다면 배당률이 높게 보일 수 있다는 점에 주의하자. **배당률은 기본적으로 연속성이 유지되는 정기배당금으로 계산하는 게 안정적이다.**

오리타니 파이낸셜(ORIT) 사례

오리타니 파이낸셜이라는 지주회사가 있다. 뉴저지주 지역은행인 오리타니 은행을 자회사로 소유한 소형 금융지주회사다(시가총액 1조원이 안 된다).

오리타니 파이낸셜은 3개월마다 정기배당을 하면서 연말이면 특별배당을 한다. 1년에 5번 배당하는 셈이다. 아래의 배당금 그래프를 보면 정기배당금(노란색)과 특별배당금(회색)이 바로 구분될 것이다.

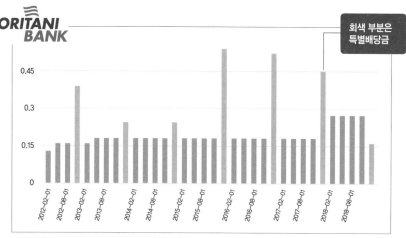

오리타니 파이낸셜(ORIT) 배당 히스토리

정기배당금만으로 계산된 오리타니 파이낸셜의 현재 배당률은 연 6.73%다. 과거에는 정기배당금을 적게 주고 특별배당금을 많이 줬지만, 2018년 들어 정기배당금을 43% 인상하면서 특별배당금을 대폭 줄였다.

메인스트리트 캐피털(Main) 사례

앞에서 소개한 아레스 캐피털과 같은 업종의 금융회사로, 중견·중소기업들을 대상으로 변동금리와 담보대출 중심으로 대출사업을 한다. 시가총액은 2.3조원이며, 2007년 말에 상장되어 매월 배당금을 주고 있다.

아래 그래프에서 2008년 말에 배당금이 줄어든 것처럼 보이는 이유는 배당주기를 3개월에서 1개월로 단축했기 때문이다(연간 배당금은 줄어들지 않았다).

이 회사는 매달 정기배당금을 주면서 1년에 한두 차례 정기배당금보다 많은 금액의 특별배당금(Semi-annual supplemental dividend)을 지급한다. 정기배당금(최근 정기배당금 × 4)을 기준으로 계산한 현재 배당률은 6.92%고, 특별배당금을 포함한 과거 1년간 배당금 합계로 계산된 배당률◆은 연 8.43%다.

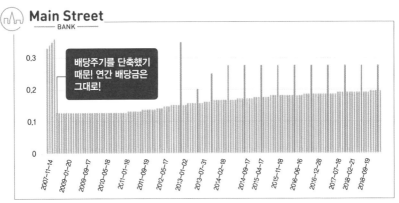

메인스트리트 캐피털(Main) 배당 히스토리

◆　**배당률 계산방식** : 배당률 계산방식은 크게 2가지가 있다. 하나는 최근 정기배당금에 연간 배당횟수를 곱한 배당금으로 계산하는 방식(이 책에서 사용하는 방식)이고, 다른 하나는 과거 1년간의 배당금 합계를 기준으로 계산하는 방식이다. 과거 1년간 배당금 합계를 기준으로 계산하는 방식은 TTM(Trailing Twelve Months) 방식이라고도 한다.

주식 사이트에서도 정기배당금과 특별배당금은 구분해서 제공한다. 아래 화면은 시킹알파(seekingalpha.com)에서 조회한 메인스트리트 캐피털의 2018년 배당금 지급 내역이다. 총 14번의 배당금을 지급했으며 정기배당금은 'Monthly'로, 특별배당금은 'Other'로 표시되어 있다.

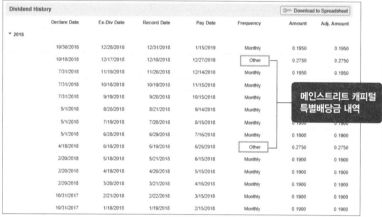

메인스트리트 캐피털의 2018년 배당금 지급 내역

초보자 투자 체크리스트

매출과 영업이익이 좋은 회사인가? | yes □ | no □ |

13

매출과 영업이익이 제일 중요하다

회사의 배당능력에 가장 큰 영향을 미치는 요인은 매출과 영업이익이다. 물건도 잘 팔리고 영업이익도 늘고 있다면 다른 부분은 크게 신경쓰지 않아도 된다. 배당패턴이 안정적인 회사들은 웬만한 실적 변화에는 배당금을 조정하지 않으니 자잘한 수치 변화보다는 **3~5년의 추세적 흐름에 주목**해 보자.

그러나 배당패턴이 좋았던 회사라도 매출과 영업이익이 크게 꺾여서 장기간 회복하지 못하고 있다면 배당금이 줄어드는 건 시간문제다. 사업환경이나 경쟁력 자체에 구조적인 문제가 있다는 신호이기 때문이다.

아메리칸 타워(AMT) 사례

　이동통신 회사나 방송국 등을 대상으로 대형 송신탑과 안테나 같은 통신설비를 임대해 주는 리츠회사다. 임직원 4,800명에 시가총액 80조원에 이르는 대형 회사로 데이터 통신수요가 증가함에 따라 계속 성장하고 있다.

　아래 표는 이 회사의 매출과 정기배당금 추이를 보여준다. 매출이 매년 큰 폭으로 늘면서 배당금도 계속해서 증가하고 있다. 2012년에 처음 배당을 시작한 이래 3개월마다 배당금을 계속 인상 중이다. 2018년엔 전년도에 비해 배당금을 연간 20% 인상했다. 이처럼 매출이 크게 늘고 있으면 다른 부분은 크게 신경쓸 일이 적다. 그동안 주가도 많이 올라서 배당률은 연 2.14%다. 이런 회사들의 경우 배당률의 빠른 상승과 주가 상승 모두를 기대할 수 있다.

■ 아메리칸 타워(AMT)의 매출과 정기배당금 추이

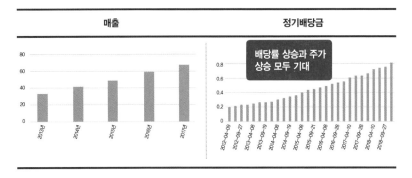

제너럴일렉트릭(GE) 사례

제너럴일렉트릭(GE)은 발명가 토머스 에디슨이 설립한 회사다. 20세기 미국을 대표하는 회사로 경영학 교과서를 장식한 기업이지만 지금은 예전 명성에 크게 미치지 못한다.

아래 표는 제너럴일렉트릭의 영업이익 감소와 배당금 감소를 보여준다. 2013년에 영업이익이 25% 감소한 이후 회복하지 못하고 있다. 그럼에도 주가는 계속 올랐고 배당금도 여러 차례 인상되는 등 납득하기 어려운 행보가 연출되었다. 결국 2017년 말에 배당금이 50% 삭감되면서 주가는 폭락했다.

■ **제너럴일렉트릭(GE)의 영업이익과 정기배당금 추이**

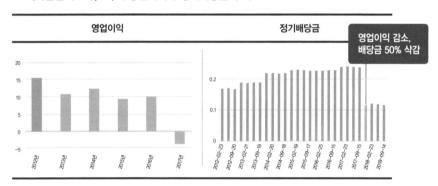

이처럼 영업이익이 급격히 감소하고 회복할 기미도 보이지 않는다면 어떤 회사라도 배당금을 계속 유지할 재간이 없다. 그러나 안정적인 배당 히스토리를 보여왔던 회사라면 곧바로 배당금을 줄이지는 않으니 주식을 처분할 시간적 여유는 있다. 제너럴일렉트릭(GE)의 현재 배당률은 연 6.34%다.

기업의 매출과 회사이익은 손익계산서(Income Statement)에서 확인할 수 있다. 아래는 시킹알파(seekingalpha.com)에서 제공하는 손익계산서 자료다. 매출은 'Sales/Revenue', 영업이익은 'Operating Income', 당기순이익은 'Net Income'이다.

일회성 이익(비용)은 확인했는가? |yes □|no □|

일회성 이익(비용)을 간과하면 잘못된 판단을 할 수 있다

회사의 이익을 나타내는 지표에는 영업이익과 당기순이익이 있다. 영업이익은 회사 본연의 사업활동인 생산 및 판매활동과 관련된 이익이며, 당기순이익은 영업이익을 포함해 회사의 모든 이익과 비용을 집계한 총체적 이익으로서 일회성 이익(비용)까지 모두 포함된다.

보통은 영업이익이 늘어나면 당기순이익도 늘어난다. 만약 영업이익이 늘었음에도 당기순이익이 줄었다면 전년도에 일회성 이익이 있었는지 확인해야 한다. 전년도의 일회성 이익은 계속되지 않으므로 다음해에는 당기순이익이 줄어들 수밖에 없기 때문이다. 따라서 일회성 요인(One time item)으로 인해 당기순이익이 줄었음에도 영업이익이 예년에 비해 늘고 있다면 이 회사의 물건은 여전히 잘 팔리고 있는 것이며, 일회성 이익으로 인해 자금사정까지 좋아졌으니 배당능력은 오히려 좋아졌다고 할 수 있다. **단순히 당기순이익이 줄었다는 이유로 회사 실적이 나빠졌다고 판단해서는 안 된다.** 따라서 회사의 이익 추이는 영업이익과 당기순이익의 증감 방향을 같이 살펴볼 필요가 있고 이 둘의 방향성이 같지 않다면 일회성 요인을 살펴봐야 한다.

알트리아 그룹(MO) 사례

말보로 담배와 아이코스 전자담배를 만드는 알트리아 그룹은 시가총액 100조원의 대기업으로 48년째 배당금을 매년 인상해 오고 있다(미국의 흡연인구는 1960년대에 40%에서 지금은 19%로 계속 감소하고 있다. 그럼에도 회사는 줄곧 성장해 왔고 배당금도 48년째 연속해서 올리고 있다).

알트리아 그룹의 2017년 이익을 보면 영업이익은 전년 대비 7% 늘었음에도 당기순이익은 28%나 감소했다. 전년도(2016년)에 상당한 일회성 이익이 있었다는 의미다.

이 회사는 전년도인 2016년에 보유하고 있던 관계사 주식을 처분해서 큰 이익(일회성 이익)을 냈다. 일회성 이익으로 자금사정도 좋아지고 영업이익도 늘어서 이 회사 배당금은 계속 인상될 수 있었다. 2016년 초에 0.565달러였던 정기배당금이 2018년에 0.80달러로 올라 3년 만에 42%나 인상됐다. 이 회사의 현재 배당률은 연 6.48%다(현재 배당률이 높아진 이유는 주가가 많이 하락했기 때문이다. 2018년에 다른 회사 지분을 고가에 인수한 이후 주가가 많이 떨어졌다).

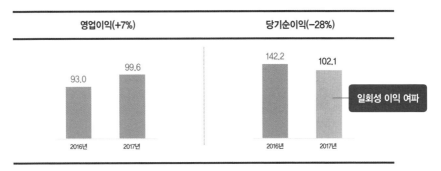

■ 알트리아 그룹(MO)의 영업이익과 당기순이익 추이

일리노이 툴 웍스(ITW) 사례

산업용 장비와 공구 등을 생산하는 회사(Machinery)다. 전세계 57개국에 5만 명의 임직원을 두고 있는 글로벌 기업으로서 44년째 배당금을 인상해 오고 있다.

이 회사의 2017년도 영업이익은 전년도에 비해 11% 증가했음에도 당기순이익은 17%나 감소했다. 당기순이익이 감소한 이유는 법인세 비용 증가에 있

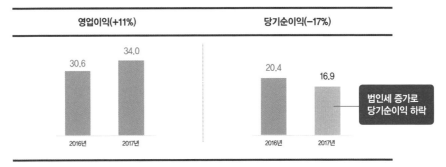

■ 일리노이 툴 웍스(ITW)의 영업이익과 당기순이익 추이

다. 세법 개정으로 인해 2017년도에 한해 일시적으로 법인세 비용이 크게 증가한 영향이다. 당기순이익이 줄었더라도 일회성 요인(비용)으로 인해 줄어든 것이라면 회사의 배당능력이 구조적으로 악화되었다고 보아서는 안 된다. 따라서 당기순이익의 변화는 매출이나 영업이익과 더불어 일회성 요인도 함께 살펴보는 게 좋다. 이 회사의 현재 배당률은 연 3.16%다.

> **tip** **일회성 이익(비용)에 해당하는 항목**
>
> 회계 계정에는 일회성 이익(비용)이라는 계정이 없으므로 일회성 항목은 회계 계정별로 살펴봐야 한다. 일회성 항목에 주로 해당하는 이익(비용)에는 계열사 주식이나 보유 주식 매각, 자산가치 손상(Impairment), 한시적인 세금 감소(증가) 등이 있다. 특히 인수합병(M&A)을 많이 하는 회사일수록 일회성 항목의 변동성이 큰 편이다. 인수합병 과정에서는 지분매각/인수, 자산재평가 등이 이뤄지기 때문이다.

15 배당성향으로 배당금의 안정성을 확인했는가? | yes □ | no □ |

배당성향이란?

회사에서 벌어들인 이익은 내부에 남겨지거나 배당금으로 지급되게 된다. 이때 **회사 이익**(당기순이익) 중 **배당금으로 지급된** 금액의 비중을 **배당성향**이라고 한다. 100억원을 벌어서 30억원을 배당금으로 지급했다면 배당성향은 30%다.

$$\text{배당성향 (Payout Ratio)} = \frac{\text{배당금}}{\text{당기순이익}} \times 100 = \frac{\text{1주당 배당금}}{\text{1주당 당기순이익}} \times 100$$

배당성향의 적정성을 판단할 수 있는 절대적인 기준은 없다. 하지만 **금융업종은 보통 20~30%** 사이의 배당성향을 보여주고, **식음료 기업이나 전기/에너지 기업은 40~60%**의 배당성향을 보여준다. 또한 일부 업종은 당기순이익 대신 다른 지표를 기준으로 배당성향을 판단하기도 한다(이에 대해서는 관련된 회사에서 설명한다).

배당성향이 낮을수록 배당금 안정성이 높다

배당률이 똑같은 경쟁업체가 있다고 치자. 배당성향이 90%인 회사와 50%인 회사 중에 어느 회사의 배당능력이 안정적이겠는가? 당연히 배당성향이 낮은 쪽이다. 배당성향이 낮은 회사는 회사 내부에 자금을 많이 유보해 놓은 것이므로 다음해에 이익이 줄더라도 배당금을 계속 유지할 가능성이 높다. 이렇듯 배당성향만 간단히 비교해 봐도 회사들의 배당능력과 안정성을 손쉽게 판단할 수 있다(배당성향은 당기순이익을 기준으로 계산하므로 일회성 이익(비용)이 많은지도 같이 확인할 필요가 있다).

제너럴일렉트릭(GE)과 제이피모건(JPM) 사례

앞에서 살펴본 제너럴일렉트릭(GE)의 2012년 배당성향은 54%였다. 다음해인 2013년에 영업실적이 크게 감소했음에도 배당금을 오히려 인상하면서 2016년 배당성향은 106%로 올라갔다. 번 돈보다 더 많이 배당을 했으니 배당금을 유지하기 어려울 수밖에 없다. 실적이 안 좋은 회사에서 배당성향이 높아진다면 배당금은 조만간 줄어들 게 분명하다. 제너럴일렉트릭이 2017년 말에

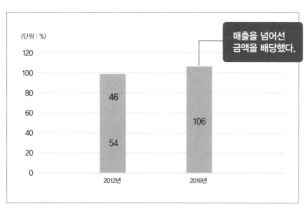

(단위 : %)

120

100

80   46

60

40   54

20

0

2012년   2016년

매출을 넘어선
금액을 배당했다.

106

제너럴일렉트릭(GE) 연도별 배당성향

배당금을 50% 줄인 이유다.

반면에, 제이피모건(JPM)의 경우 2017년 배당성향은 29%였다. 회사 이익 중 29%만 배당을 하고 나머지 71%는 회사 내부에 남겨두고 있으니 배당금의 안정성이 높은 편이다. 그런데다 2018년 실적도 계속 좋아져서 배당금을 대폭 인상할 수 있었다.

이와 같이 배당성향만 간단히 살펴봐도 배당금의 안정성과 인상 가능성을 어렵지 않게 판단할 수 있다. 배당성향이 배당투자에서 가장 기본적인 투자지표로 활용되는 이유다.

기업의 배당성향 수치를 찾아보면, 증권사 사이트별로 전부 다르게 표기돼 있다. 그 이유
는 배당성향을 계산하는 세부기준(연간 단위, 분기 단위 등)이 각기 다르기 때문이다. 회
사 간 배당성향 비교는 같은 기준이 적용돼야 활용가치가 있다는 점에 유의하자.

1 │ 로이터(reuters.com)

로이터 사이트에서는 회사의 배당성향을 업종 평균 배당성향과 비교해 볼 수 있다. 아래
는 로이터 사이트에서 조회한 제이피모건의 최근 배당성향이다. 금융산업 평균은 4.79%,
제이피모건은 30.01%로 나와 있다.

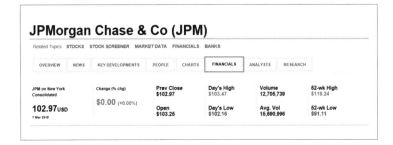

JPMorgan Chase & Co (JPM)

Related Topics: STOCKS STOCK SCREENER MARKET DATA FINANCIALS BANKS

| OVERVIEW | NEWS | KEY DEVELOPMENTS | PEOPLE | CHARTS | FINANCIALS | ANALYSTS | RESEARCH |

JPM on New York Consolidated	Change (% chg)	Prev Close $102.97	Day's High $103.47	Volume 12,705,739	52-wk High $119.24
102.97USD 7 Mar 2019	$0.00 (+0.00%)	Open $103.25	Day's Low $102.16	Avg. Vol 15,690,996	52-wk Low $91.11

DIVIDENDS

	Company	industry	sector
Dividend Yield	3.11	2.15	2.16
Dividend Yield - 5 Year Avg	2.29	0.15	0.23
Dividend 5 Year Growth Rate	12.77	0.57	1.13
Payout Ratio(TTM)	30.01	4.79	7.12

로이터(reuters.com)에서 조회한 제이피모건(JPM) 배당성향

2 | 모닝스타(morningstar.com)

모닝스타 사이트에서는 회사의 배당성향 변화 추세를 쉽게 파악할 수 있다. 배당정보를 확인하려면 모닝스타 한국지부 홈페이지가 아닌, 본사 홈페이지(morningstar.com)에 접속해야 한다. 아래는 모닝스타에서 조회한 제너럴일렉트릭의 배당성향 변화다. 2014년도 배당성향은 59.46%였으나 2015년 이후 100%를 넘고 있다. 배당금이 줄어드는 건 시간 문제였다.

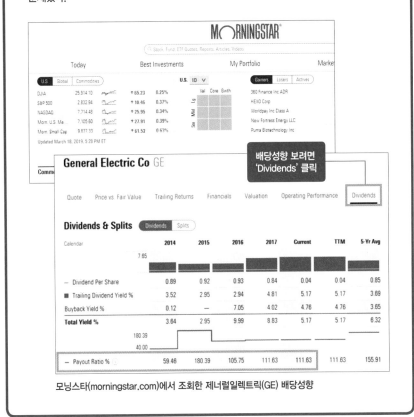

모닝스타(morningstar.com)에서 조회한 제너럴일렉트릭(GE) 배당성향

사업기반이 안정적인 산업에 속해 있는가? yes □ no □

불경기에도 기본수요가 있고 경쟁환경이 안정적인 전통산업

불경기에도 기본수요가 있는 산업이 있다. 일상생활과 밀접한 산업으로서 **전기나 수도, 식음료, 담배, 제약산업** 등이 해당한다. 이들 산업은 필수 소비재/산업재 산업이거나 규제산업에 속하는 대규모 장치산업들이다. 기존 사업자의 고객기반(브랜드)이 탄탄하고 자금력이 필요한 산업이어서 대학교 기숙사나 자동차 창고에서 스타트업을 준비하는 슈퍼 루키나 후발주자들이 뛰어들기 어렵다. 그러다 보니 이들 산업을 경제적 해자(Moat : 적의 침입을 막기 위해 성 주위를 빙 둘러 판 못)가 있는 산업이라고도 한다. 기존 회사들 간 경쟁은 치열하지만 사업환경이 상대적으로 안정적이다 보니 오랜 기간 안정감 있게 배당해 온 회사들이 많이 포진해 있다.

실제로 25년간 배당금을 연속 올려온 배당챔피언 기업들이 속한 산업들을 살펴보면, IT 분야나 기술주(Tech) 기업보다는 금융, 소비재, 에너지 등 전통산업 기업들이 많이 있음을 알 수 있다.

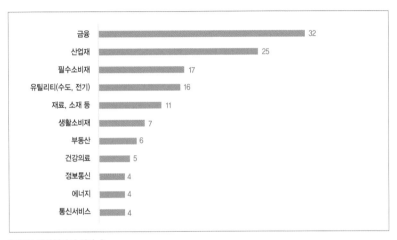

업종별 배당챔피언 회사 수

아쿠아 아메리카(WTR) 사례

사업기반이 안정적인 전통산업 중 가장 대표적인 산업으로 유틸리티 산업 (Utility)이 있다. 수도나 전기, 가스 등을 공급하는 회사들이 여기에 해당한다. 유틸리티 기업은 불경기에도 기본수요가 있고 정부 규제와 지역 독점권으로 인해 사업환경이 안정적일 수밖에 없다. 우리나라에서는 몇몇 공기업이 담당하고 있지만 51개 주로 구성된 미국에서는 여러 민영기업들도 일부 담당하고 있어 배당주 업종으로 인기가 있다.

아쿠아 아메리카(WTR)는 미국 8개 주에서 300만 가구를 대상으로 수도 공급과 폐수처리를 하는 유틸리티 기업으로, 26년째 연속해서 배당금을 올려주고 있다.

아래 그래프는 아쿠아 아메리카의 영업이익과 배당금 추이를 보여준다. 영업이익의 흐름을 보면 경기민감도가 적다는 것을 알 수 있다. 아쿠아 아메리카는 2018년에 천연가스 공급업체를 약 5조원(43억 달러)에 인수하면서 가스사업으로도 사업범위를 넓히고 있다. 현재 배당률은 연 2.56%다.

■ 아쿠아 아메리카(WTR)의 영업이익과 정기배당금 추이

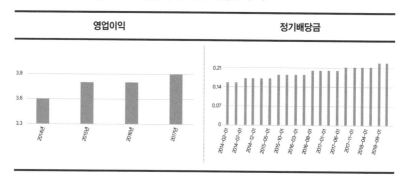

맥코믹(MKC) 사례

맥코믹은 32년간 연속해서 배당금을 올려온 식품기업으로 향신료 부문 세계 1위 업체다. 후추, 마요네즈, 케첩, 핫소스 등 식자재를 만들어 전세계 150개국에 판매하고 있으며 인수합병을 통해 식품 브랜드를 확장해 가고 있다.

이 회사 주가는 2018년에 역사적 최고가를 기록하면서 40%나 상승 마감했다. 사람들의 입맛을 사로잡은 전통 식품산업도 성장주가 될 수 있음을 보여주는 기업이라고 할 수 있다.

아래 그래프는 2007년 이후 맥코믹 주가와 미국 주가지수(S&P500)를 비교한 그래프다. 금융위기 전후에는 주가의 경기방어적 성격을 보여주고 있으나 그 이후 주가 흐름에서는 식품기업도 성장주가 될 수 있음을 보여준다. 주가가 계속 올라 현재 배당률은 연 1.64%로 낮아졌지만, 배당률 자동 인상과 주가 상승을 기대할 수 있는 종목이라고 할 수 있다.

맥코믹 주가와 미국 주가지수(S&P500)

배당금 잘 주는 기술주는 따로 있다?

한국 투자자들이 유독 많이 투자하는 기술주(Tech) 회사들 중에 팽(FANG)으로 불리는 4개 기업이 있다. 페이스북(Facebook), 아마존(Amazon), 넷플릭스(Netflix), 구글(Google)이 바로 팽 4인방이다. 미래 산업을 주도할 대표적인 기술주라는 이유로 주목받고 있다. 그러나 이 회사들은 배당을 하지 않는다. 주주배당보다는 신규투자를 통해 기업을 성장시켜 주가를 올리는 게 주주들을 위하는 일이라고 생각하기 때문이다.

선견지명이 있어 일치감치 FANG에 투자한 투자자라면 큰 수익을 냈을 것이다. 그러나 2018년 초반 고점에서 투자했다면 마음고생이 심할 수 있다. 미국 주식시장이 조정을 받으면서 고점 대비 20~30% 이상 하락했기 때문이다. 앞으로의 반등 기미도 불확실한 상황이어서 기업들의 경쟁력을 믿으면서 기다릴 것인지, 이쯤에서 털고 나올 것인지 고민이 깊을 것이다. 기술주 중에도 배당금을 잘 주는 기업도 물론 있다. 우리나라에도 널리 알려진 기업으로는 애플(AAPL)과 인텔(INTC), 마이크로소프트(MSFT), IBM이 있다.

1 | 애플(AAPL)

2012년 8월부터 3개월마다 배당을 하고 있다. 배당을 시작한 이래 매년 배당금을 올려주고 있으며 2018년에는 15% 인상했다. 기술주에 투자하지 않는 워런 버핏도 2016년부터 애플에 투자하기 시작했다. 애플의 현재 배당률은 연 1.85%다.

2 | 인텔(INTC)

금융위기 때도 배당금을 줄이지 않고 꾸준히 배당을 하고 있다. 배당금을 매년 인상하는 기업은 아니지만 최근 5년간 연평균 인상률은 연 6%다. 현재 배당률은 연 2.56%다.

3 | 마이크로소프트(MSFT)

15년째 연속해서 배당금을 올려주고 있다. 최근 5년간 연평균 인상률은 연 12%로 높은 편이나 배당률 자체는 낮은 편이다. 현재 배당률은 연 1.81%다.

4 | IBM(IBM)

19년째 배당금을 올려주고 있다. 최근 5년간 연평균 인상률은 연 11%로 높은 편이다. 현재 배당률은 연 5.52%다.

미국 배당주 투자 체크리스트 총정리

1 | 배당 히스토리를 확인했는가?　　　　　　　　yes ☐ | no ☐

- 경기민감도와 회복력
- 최근 배당금 인상률
- 배당금 감소 요인(경기 요인, 회사 고유 요인)

....

2 | 배당금의 종류를 확인했는가?　　　　　　　　yes ☐ | no ☐

- 정기배당금과 특별배당금
- 특별배당금 지급 패턴
- 배당률 계산에 반영된 배당금의 종류

....

3 | 매출과 영업이익이 좋은 회사인가?　　　　　　yes ☐ | no ☐

- 매출과 영업이익 추세

....

4 | 일회성 이익(비용)은 확인했는가?　　　　　　yes ☐ | no ☐

- 영업이익과 당기순이익의 증감
- 일회성 이익(비용) 항목

....

5 | 배당성향으로 배당금의 안정성을 확인했는가?　yes ☐ | no ☐

- 배당성향의 변화

....

6 | 사업기반이 안정적인 산업에 속해 있는가?　　yes ☐ | no ☐

- 경제적 해자가 있는 산업
- 매출과 영업이익의 변동성

퇴직자를 위한
고정배당 우선주
BEST 10

미국 배당주 투자지도

고정배당 우선주는 배당투자의 비밀병기!
원금 안정성 중시하는 투자자에게 적합!

안정적인 주가, 예금이자보다 높은 배당률!

고정배당 우선주들은 저축형 배당주라고 할 수 있다. 안정적인 주가와 예금이자보다 높은 배당금으로 좋은 가격에 괜찮은 우선주를 모아가면 연 5~8%의 고정적인 배당수익을 확보할 수 있다.

이번 마당에서는 고정배당 우선주의 여러 케이스를 살펴보는 데 우선순위를 두었다. 같은 기업에서 발행한 다른 우선주 시리즈도 팁을 통해 제공하고 있으니 참고하기 바란다.

25달러 아래에서 사두면 손실 걱정을 할 필요가 없다!

매입가격(액면가 25달러)보다 싸게 샀다면 매입권리가 행사되더라도 원금에서도 이익이 난다. 반면에 25달러보다 비싸게 살 거라면 배당금(매입권리 기준일까지 지급되는 배당금)과 프리미엄(액면가 25달러와의 차액)을 비교해 보면 된다.

우선주 배당의 안정성 확인방법, 우선주 배당성향!

당기순이익이 100억원인 회사에서 우선주 배당금으로 지급한 금액이 10억원이라면 우선주 배당성향은 10%가 된다. 이와 같이 당기순이익에서 우선주 배당금이 차지하는 비중을 우선주 배당성향이라고 하는데, 그 비중이 낮을수록 안정성은 높아진다(우선주는 보통주보다 배당에서 우선하므로 우선주의 안정성은 배당성향만 확인해도 충분하다).

　물론 우선주도 배당금이 안 나올 수도 있다. 그러나 파산 직전의 회사가 아니라면 적자기업들도 우선주 배당은 열심히 한다. 우선주 배당 중단은 영업도 잘 안 되고 자금사정도 어렵다고 공개적으로 천명하는 것이어서, 이런 회사에 좋은 조건으로 자금을 빌려줄 채권자는 없기 때문이다(우선주들은 배당 중단 가능성이 낮다는 뜻이지 적자기업 우선주도 괜찮다는 의미는 아니다.).

미국의 메이저
손해보험회사
고정배당률
연 6.625%

올스테이트
보험지주 (Allstate Corp.)

01

회사 소개

1931년에 설립되어 자동차보험을 주력으로 하면서 건강보험, 화재보험 등을 취급하는 보험지주회사다. 자산규모 120조원, 당기순이익 2.5조원으로 우리나라에서 제일 큰 손해보험사인 삼성화재와 비교해 보면 회사 규모가 눈에 들어올 것이다. 삼성화재의 자산은 76조원이다.

자산 120조원의 대형 손해보험사

배당률과 주가 요약 | E시리즈

올스테이트의 E시리즈 우선주는 2014년 2월에 발행된 우선주로 고정배당률은 연 6.625%다. 안정성을 염려할 회사가 아니다 보니 주가는 25달러보다 높게 거래되어 프리미엄이 붙는다. 그러나 매입권리 기준일이 다가올수록 25 달러에 근접해 가므로 25달러 아래에서 사두면 원금손실 없이 연 6% 중반대의 배당금을 확보할 수 있다.

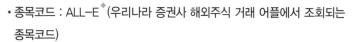

- 종목코드 : ALL-E* (우리나라 증권사 해외주식 거래 어플에서 조회되는 종목코드)
- 고정배당률 : 연 6.625% (연간 배당금 1.65625달러, 배당주기 3개월)
- 매입권리 기준일 : 2019. 4. 15. 이후
- 주가와 배당률

- 최고가 : 26.69달러(연 6.21%)
- 최저가 : 25.05달러(연 6.61%)
- 현재가 : 25.12달러(연 6.59%)

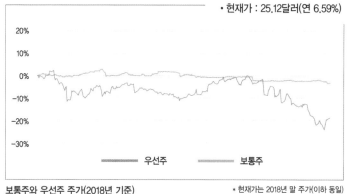

보통주와 우선주 주가(2018년 기준)   * 현재가는 2018년 말 주가(이하 동일)

◆　　　All-E는 우리나라 증권사 해외주식 거래 어플에서 조회되는 종목코드다. 'All'은 회사의 약자이며 'E'는 우선주 시리즈 이름이다(증권사별로 우선주 종목코드 형식은 차이가 있을 수 있다).

우선주 배당성향 : 6.6%

2018년 2.5조원(22.5억 달러)의 당기순이익 중에서 우선주 배당금으로 지급한 금액은 1,600억원(1.48억 달러)으로 당기순이익의 6.6%에 불과하다. 따라서 회사 이익이 90% 이상 줄어들어도 우선주 배당에는 전혀 문제가 없다. 이처럼 우선주의 안정성은 배당성향만 체크해도 어렵지 않게 가늠할 수 있어 우선주 투자는 신경쓸 부분이 적다.

■ 올스테이트 E시리즈 우선주 연도별 배당성향

(단위 : 억 달러)

구분	2015년	2016년	2017년	2018년
당기순이익(Net income)	21.7	18.8	31.9	22.5
우선주 배당금 지급액 (Preferred dividend)	1.16	1.16	1.16	1.48
우선주 배당성향	5.3%	6.2%	3.6%	6.6%

* 연차 보고서(10-K)를 기준으로 재구성

배당성향 낮을수록 안정성 높아진다.

올스테이트 홈페이지에서 조회한 우선주 발행 정보

www.allstateinvestors.com → Explore Allstate → Investeor Relations → Stock Information → Preferred Stock

올스테이트 우선주에는 E시리즈 외에 A, F, G 시리즈가 있다. 시리즈별 우선주들의 고정배당률과 매입권리 기준일은 올스테이트 홈페이지(www.allstate.com)의 투자자 정보(Investeor Relations) → 우선주(Preferred Stock) 페이지에서 확인할 수 있다.

Preferred Stock

Series	Ticker	Description	When Issued	$ Issued	Callable	Dividend Rate	Record Date	Payment Dates
Series A	ALL A	Perpetual Fixed Rate, Noncumulative	June 2013	$287,500,000	Yes	5.625%	Last day of the month preceding payment date	1/15, 4/15, 7/15, 10/15
Series D Term Sheet 12/9/13 Term Sheet 12/16/13	ALL D	Perpetual Fixed Rate, Noncumulative	December 2013	$135,000,000	Yes	6.625%	Last day of the month preceding payment date	1/15, 4/15, 7/15, 10/15
Series E	ALL E	Perpetual Fixed Rate, Noncumulative	March 2014	$747,000,000	Yes	6.625%	Last day of the month preceding payment date	1/15, 4/15, 7/15, 10/15
Series F	ALL F	Perpetual Fixed Rate, Noncumulative	June 2014	$250,000,000	Yes	6.25%	Last day of the month preceding payment date	1/15, 4/15, 7/15, 10/15
Series G	ALL G	Perpetual Fixed Rate, Noncumulative	March 2018	$575,000,000	Yes	5.625%	Last day of the month preceding payment date	1/15, 4/15, 7/15, 10/15

시리즈	종목코드	고정배당률	매입권리 기준일
A시리즈	ALL-A	연 5.625%	2018. 06. 15.
F시리즈	ALL-F	연 6.250%	2019. 10. 15.
G시리즈	ALL-G	연 5.625%	2023. 04. 15.

캘리포니아 기반
중형 보험사
고정배당률
연 7.5%

내셔널 제너럴 홀딩스
(National General Holdings Corp.)

회사 소개

캘리포니아 지역을 중심으로 손해보험사업을 하는 보험지주회사다. 자동차보험을 중심으로 상해보험, 건강보험 등으로 확장 중이다. 자산규모 8조원, 당기순이익 2,100억원의 지역 기반 중형 보험회사로 2013년에 2,100명이던 직원이 2018년 들어 7,000명을 넘어섰으며 32,000명의 설계사들을 운영하고 있다.

자산규모 8조원의 꾸준히 성장 중인 내셔널 제너럴 홀딩스

배당률과 주가 요약 | C시리즈

2016년 6월에 발행된 우선주로 고정배당률은 연 7.50%다. 고정배당 우선주임에도 우선주 주가는 변동성이 제법 있는 편이다. 2018년 하반기에 발생한 캘리포니아 대형 산불과 허리케인, 미국 주식시장 급락이 겹치면서 우선주 주가가 18달러까지 하락하는 모습을 보여주었다. 하지만 우선주 배당에 문제가 되는 수준은 아니므로 저가에 매수하면 오히려 배당률을 높일 수 있는 투자기회가 된다.

- 종목코드 : NGHCN
- 고정배당률 : 연 7.50%(연간 배당금 1.875달러, 배당주기 3개월)
- 매입권리 기준일 : 2021. 7. 15. 이후
- 주가와 배당률

　　　　　　　　　　　　　　　　　• 최고가 : 25.77달러(연 7.28%)
　　　　　　　　　　　　　　　　　• 최저가 : 18.85달러(연 9.95%)
　　　　　　　　　　　　　　　　　• 현재가 : 19.87달러(연 9.44%)

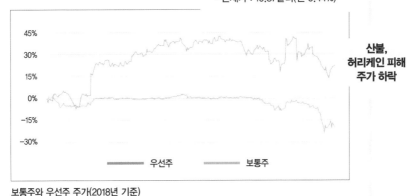

보통주와 우선주 주가(2018년 기준)

우선주 배당성향 : 15.7%

회사 규모가 커감에 따라 매출(보험료 수입)과 당기순이익이 계속 증가해 왔다. 그러나 2017년 들어 당기순이익이 38% 감소했는데, 캘리포니아 지역에서 발생한 대형 산불과 허리케인으로 인한 피해 때문이다.

2017년 당시 당기순이익이 38%나 감소했음에도 우선주 배당성향은 30% 수준이었다.

2018년 하반기에도 산불과 허리케인 피해가 다시 발생하면서 보통주와 우선주 주가 모두 하락하는 모습을 보여주었다. 하지만 2018년 당기순이익은 전년도에 비해 100% 상승하면서 15.7%의 배당성향을 보여주고 있다. 회사 신용등급(A-)도 안정적이어서 우선주 배당의 안정성을 염려할 회사는 아니다.

■ 내셔널 제너럴 홀딩스 C시리즈 우선주 연도별 배당성향

(단위 : 백만 달러)

구분	2015년	2016년	2017년	2018년
매출(Revenue)	2,511	3,524	4,431	4,608
당기순이익(Net income)	142	172	106	207
우선주 배당금 지급액 (Preferred dividend)	14	24	32	32
우선주 배당성향	9.9%	14.0%	30.2%	15.7%

* 연차 보고서(10-K)를 기준으로 재구성

산불, 허리케인에도 당기순이익은 상승.
우선주 배당의 안정성 유지하는 회사.

National General Holdings Corp. Announces Dividends on Common and Preferred Stock

October 29, 2018

NEW YORK, Oct. 29, 2018 (GLOBE NEWSWIRE) -- National General Holdings Corp. (NASDAQ:NGHC) today announced that its Board of Directors approved quarterly dividends on the company's common and preferred stock as follows:

- A cash dividend on the company's common stock of $0.04 per share.
- A cash dividend on the company's 7.50% Non-Cumulative Preferred Stock, Series A, in the amount of $0.46875 per share.
- A cash dividend on the company's 7.50% Non-Cumulative Preferred Stock, Series B, in the amount of $18.75 per share (equivalent to $0.46875 per Depositary Share).
- A cash dividend on the company's 7.50% Non-Cumulative Preferred Stock, Series C, in the amount of $18.75 per share (equivalent to $0.46875 per Depositary Share).

배당률 / **시리즈 이름**

The dividends on the company's common and preferred stock will be payable on January 15, 2019 to shareholders of record as of January 1, 2019.

About National General Holdings Corp.

National General Holdings Corp., headquartered in New York City, is a specialty personal lines insurance holding company. National General traces its roots to 1939, has a financial strength rating of A- (excellent) from A.M. Best, and provides personal and commercial automobile, homeowners, umbrella, recreational vehicle, motorcycle, supplemental health, and other niche insurance products.

내셔널 제너럴 홀딩스 홈페이지 제공 우선주 배당금 지급 안내자료
www.nationalgeneral.com → My Investor Relations → Press Releases

 내셔널 제너럴 홀딩스의 다른 우선주

내셔널 제너럴 홀딩스의 우선주는 C시리즈 외에 A, B 시리즈가 있으며 매입권리 기준일만 다를 뿐 고정배당률은 전부 연 7.50%로 동일하다.

시리즈	종목코드	고정배당률	매입권리 기준일
A시리즈	NGHCP	연 7.50%	2019. 07. 15.
B시리즈	NGHCO	연 7.50%	2020. 04. 15.

KKR 자산운용
(KKR & Co. Inc.)

03

회사 소개

우리나라에도 진출해 있는 세계적인 자산운용사다. OB맥주를 인수한 뒤 4년 반 만에 되팔아 4조원 이상의 이익을 남긴 것으로 유명하다. 지금은 LS그룹 계열사인 LS오토모티브 지분을 인수해서 공동경영에 참여하고 있고, 신한금융지주와도 사업 파트너십을 맺어 5조원 이상의 공동 펀드를 운용하면서 신한

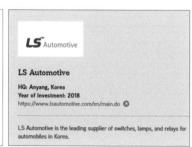

국내 LS계열사 지분 인수한 KKR자산운용

금융지주의 지분도 일부 인수할 계획인 것으로 알려져 있다.

배당률과 주가 요약 | A시리즈

2016년 3월에 발행된 우선주로 고정배당률은 연 6.75%다. 세계적인 자산
운용사이다 보니 주가는 액면가 25달러에 프리미엄이 붙어서 거래되는 편이
다. 2018년 말 주가(25.86달러)를 기준으로 한 배당률은 연 6.53%다.

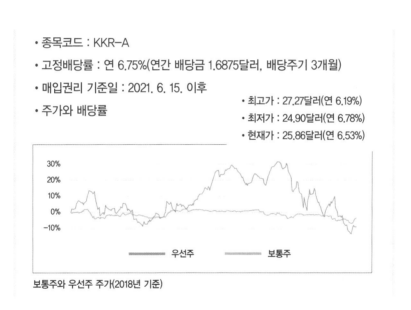

- 종목코드 : KKR-A
- 고정배당률 : 연 6.75%(연간 배당금 1.6875달러, 배당주기 3개월)
- 매입권리 기준일 : 2021. 6. 15. 이후
- 주가와 배당률
  - 최고가 : 27.27달러(연 6.19%)
  - 최저가 : 24.90달러(연 6.78%)
  - 현재가 : 25.86달러(연 6.53%)

보통주와 우선주 주가(2018년 기준)

우선주 배당성향 : 2.7%

2016년에 처음으로 우선주를 발행했다. 2017년부터 당기순이익이 1조원
으로 점프하면서 2018년에도 추세를 이어가고 있다. 당기순이익이 1조원을

넘어서면서 우선주 배당성향은 2.7%에 불과하다 .

> 당기순이익 대비
> 낮은 우선주 배당금 비중.
> 안정감 있는 투자 가능

■ **KKR A시리즈 우선주 연도별 배당성향** (단위 : 백만 달러)

구분	2015년	2016년	2017년	2018년
당기순이익(Net income)	488	309	1,018	1,131
우선주 배당금 지급액 (Preferred dividend)	–	22	33	30
우선주 배당성향	–	7.1%	3.2%	2.7%

* 연차 보고서(10-K)를 기준으로 재구성

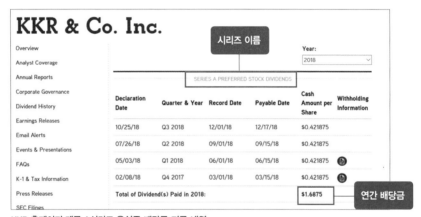

KKR 홈페이지 제공 A시리즈 우선주 배당금 지급 내역
www.kkr.com → 투자자 센터 → 일반 투자자 → Partnership의 수익자 → Dividend History

 **tip** KKR의 다른 우선주

KKR의 우선주는 A시리즈 외에 연 6.50%를 배당하는 B시리즈 우선주가 있다.

SERIES B PREFERRED STOCK DIVIDENDS					시리즈 이름
Declaration Date	Quarter & Year	Record Date	Payable Date	Cash Amount per Share	Withholding Information
10/25/18	Q3 2018	12/01/18	12/17/18	$0.406250	
07/26/18	Q2 2018	09/01/18	09/15/18	$0.406250	
05/03/18	Q1 2018	06/01/18	06/15/18	$0.406250	📄
02/08/18	Q4 2017	03/01/18	03/15/18	$0.406250	📄
Total of Dividend(s) Paid in 2018:				$1.625	연간 배당금

시리즈	종목코드	고정배당률	매입권리 기준일
B시리즈	KKR-B	연 6.50%	2021. 09. 15.

페이스북, IBM 등에
데이터센터 임대
고정배당률
연 6.625%

디지털 리얼티
(Digital Realty)

회사 소개

200여 개의 전산데이터 센터를 임대해 주는 회사로서 페이스북, IBM, 오라클 등 IT 기업을 대상으로 사업을 한다. 클라우드 서비스, 빅데이터, IOT 산업이 성장함에 따라 이 회사도 계속 성장해 가고 있다. 임직원은 1,500명이지만

구글 등 IT기업 대상 전산데이터 센터 임대하는 디지털 리얼티

연간 매출 3조원이 넘는 대형 회사다. 2017년에는 일본 데이터센터 시장에도 진출하는 등 해외사업을 확대하고 있다.

배당률과 주가 요약 | C시리즈

2017년 9월에 발행된 우선주로 고정배당률은 연 6.625%다. 앞의 우선주들과 다른 점이 있다면 이 회사 우선주는 **누적적 우선주**라는 점이다. 누적적 우선주란 회사 사정이 좋지 않아 배당금을 지급하지 못한 경우, 나중에 배당을 재개할 때 그동안 지급하지 못했던 배당금까지 모두 합쳐서 배당해 주는 우선주다. 배당의 안전장치가 추가된 우선주라고 할 수 있으며, 종목명에 'Cumulative(누적적)'라고 명시되어 있다(비누적적 우선주는 'Non-Cumulative'라고 명시되어 있다).

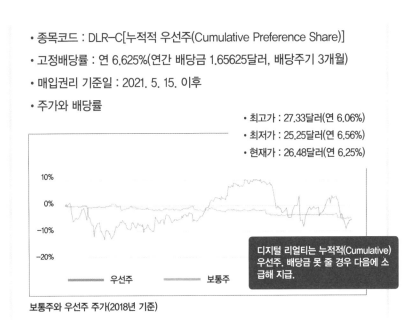

- 종목코드 : DLR-C[누적적 우선주(Cumulative Preference Share)]
- 고정배당률 : 연 6.625%(연간 배당금 1.65625달러, 배당주기 3개월)
- 매입권리 기준일 : 2021. 5. 15. 이후
- 주가와 배당률

- 최고가 : 27.33달러(연 6.06%)
- 최저가 : 25.25달러(연 6.56%)
- 현재가 : 26.48달러(연 6.25%)

디지털 리얼티는 누적적(Cumulative) 우선주, 배당금 못 줄 경우 다음에 소급해 지급.

우선주　　　　보통주

보통주와 우선주 주가(2018년 기준)

우선주 배당성향 : 24.5%

우선주 배당성향은 30% 내외를 유지하고 있다. 2018년의 경우 3,600억원 (3억 3,100만 달러)의 당기순이익 중 우선주에 지급한 전체 배당금은 900억원으로 우선주 배당성향은 24.5%다. 사업확장을 위해 우선주 발행을 통해 자금조달을 많이 하는 편이어서 우선주 배당금 비중이 높은 회사지만 배당의 안정성을 걱정할 회사는 전혀 아니다. 이 회사는 보통주도 열심히 배당하는 회사로 14년째 보통주 배당금을 매년 올려주고 있다.

■ 디지털 리얼티 C시리즈 우선주 연도별 배당성향

(단위 : 백만 달러)

구분	2015년	2016년	2017년	2018년
당기순이익(Net income)	298	426	248	331
우선주 배당금 지급액 (Preferred dividend)	79	94	75	81
우선주 배당성향	26.5%	22.1%	30.2%	24.5%

* 연차 보고서(10-K)를 기준으로 재구성

14년간 보통주 배당금 올릴 만큼 안정적.
높은 배당성향 걱정 없다.

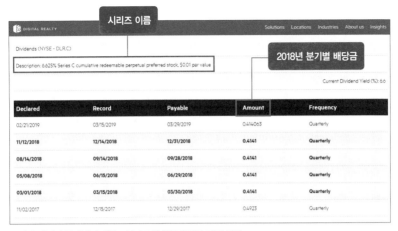

디지털 리얼티 홈페이지 제공 C시리즈 우선주 배당금 지급 내역
www.digitalrealty.com → Investors → Stock Information → Dividend History

---

tip 디지털 리얼티의 다른 우선주

디지털 리얼티에서 발행한 우선주는 C시리즈 외에 G, I, J 시리즈 우선주가 있으며 전부
누적적 우선주다. 디지털 리얼티는 보통주도 발행한다. 자세한 내용은 183쪽을 참고하자.

시리즈	종목코드	고정배당률	매입권리 기준일
G시리즈	DLR-G	연 5.875%	2018. 04. 09.
I시리즈	DLR-I	연 6.35%	2020. 08. 24.
J시리즈	DLR-J	연 5.25%	2022. 08. 07.

1 | 법인세 면제 조건으로 90% 이상 배당이 의무

디지털 리얼티와 같은 회사를 리츠회사(REITs : Real Estate Investment Trusts)라고 한다. 부동산이나 시설물 임대사업을 하는 회사들이다. 리츠회사는 4~5명의 인력으로 펀드처럼 운영되는 회사도 있고, 임직원을 고용해 직접 관리, 임대하는 회사도 있다.

리츠회사는 법인세를 면제받는 조건으로 과세대상 이익의 90% 이상을 배당한다. 미국에는 225개 리츠회사가 상장되어 있으며 이들이 2017년에 주주들에게 배당한 금액은 63조원(575억 달러)이다. 우리나라 국민연금이 2017년에 지급한 연금액(19조원)보다 2.3배 많다. 정기적인 임대수입을 바탕으로 이익의 90% 이상을 배당하고 있어서 은퇴자나 퇴직연금펀드, 기관투자자들이 많이 투자하고 있다.

2 | 리츠회사의 사업실적을 당기순이익으로 판단하지 않는 이유, 감가상각비

리츠회사의 사업실적은 당기순이익으로 판단하지 않는다. 이들의 사업기반인 부동산에 대한 회계처리 기준(감가상각비)이 당기순이익을 떨어뜨리는 감소 요인으로 작용해 리츠회사들의 사업실적을 제대로 보여주지 못하기 때문이다. 리츠회사에서 부동산을 구입하면, 회계처리 기준에 따라 시간이 경과할수록 부동산 가치가 소멸하는 것으로 가정해 여러 해로 나누어서 비용(감가상각비)으로 처리한다. 1,000억원의 부동산을 구입했다면 매년 100억원씩 10년간 비용으로 처리하는 방식이다. 그러다 보니 감가상각비는 매년 당기순이익을 100억원씩 줄이는 마이너스 요인이 된다.

그러나 실제로는 부동산의 가치는 소멸되지 않는다. 또한 매년 100억원씩 비용으로 처리되는 감가상각비(가치 소멸 비용)는 숫자상의 비용일 뿐 실제로 지출되는 것이 아니어서 회사가 벌어들인 임대수입(배당가능 재원)을 감소시키지 않는다.

3 | 리츠회사의 수익지표, 사업운영수익(FFO)

당기순이익으로만 리츠회사의 사업실적을 판단할 경우 사업실적이 좋은 회사를 그렇지 않은 회사로 오판할 수 있다. 이 때문에 미국 리츠협회(Nareit)에서는 사업운영수익(FFO : Funds From Operation)이라는 별도의 수익지표를 만들었다. 미국 증권감독 당국(SEC)에서도 감독당국에 제출하는 실적보고서에 사업운영수익을 기재하도록 하고 있다.

사업운영수익은 리츠회사들의 본원적인 실적(임대수입과 배당능력)을 보여주는 지표로서 비용으로 처리한 감가상각비를 수익으로 다시 환입시킬 뿐 아니라 부동산 매각 차익과 같은 일회성 이익(비용) 등도 덜어낸다. 일회성 이익(비용)은 다음해로 이어지지 않기 때문이다. 따라서 리츠회사 투자는 FFO만 잘 챙겨 보아도 좋은 투자기회를 찾을 수 있다. 아래 수식을 보면 사업운영수익에 대한 기본적인 개념을 알 수 있을 것이다.

사업운영수익(FFO) = 당기순이익 + 감가상각비 – 부동산 매각 차익
　　　　　　　　　　　　　　　　❶　　　　　　　　　❷

❶ 현금지출이 없는 비용을 환입　　❷ 일회성 요인을 차감

미국 리츠회사들은 미국 리츠협회의 기준에 따라 FFO 실적을 공시한다. 이에 따라 리츠회사들에 대한 실적분석과 배당투자 역시 FFO를 중심으로 이뤄지고 있다. 사업운영수익(FFO)을 그 회사가 발행한 주식수로 나누면 1주당 FFO를 알 수 있는데 이를 배당금과 비교해 보면 회사의 배당성향을 파악할 수 있다. 예를 들어 1주당 FFO가 100원인 회사에서 1주당 배당금으로 50원을 주었다면 수익의 50%를 배당했다는 의미다.

디지털 리얼티는 데이터센터를 매년 늘리면서 사업을 확장해 가고 있다. 보유 부동산이 늘어남에 따라 감가상각비와 일회성 요소들로 인해 당기순이익은 매년 변동성을 보여주지만 사업운영수익(FFO)은 꾸준히 증가하는 모습을 보여주고 있다. 14년째 보통주 배당금을 계속 올려주는 이유다. 이처럼 보통주 배당이 잘 이뤄지고 있는 회사들에 대해서는 우선주 배당을 걱정할 이유가 없다.

디지털 리얼티의 1주당 FFO :

4.88달러	→	5.69달러	→	5.68달러	→	6.39달러
(2015년)		(2016년)		(2017년)		(2018년)

◆　　**조정된 FFO(Adjusted FFO) :** 리츠회사들은 공통된 FFO 실적을 공시하면서도 사업특성을 고려해 일부 변형된 수치를 사용하기도 한다. 시설물 유지비용이나 보수비용, 임대수입 등을 일부 조정하는 것인데 조정된 FFO 실적(일부 회사는 Core FFO라고 한다)은 그 회사의 사업특성을 보다 정확히 반영하긴 하지만 회사별로 조정 내역이 다른 경우도 있고 FFO와 추세적으로 큰 차이도 없다. 따라서 이 책에서는 다른 회사와의 비교를 위해 FFO 실적만 사용해서 설명한다.

05 퍼블릭 스토리지
(Public Storage)

회사 소개

기업이 아닌 개인을 상대로 창고(Storage) 임대업을 하는 리츠회사다. 개인 대상 창고 임대업을 하는 회사라고 해서 영세한 회사라고 생각하면 오산이다. 시가총액 40조원의 대형 회사로 미국 S&P500 지수에도 편입되어 있다. 미국 전역에서 2,400여개, 영국과 독일 등지에서 220여개의 창고를 운영하고 있으며, 연간 매출은 3조원이 넘는다.

미국 S&P500 지수에 편입된 대형 창고 임대업 회사

배당률과 주가 요약 | X시리즈

2013년 3월에 발행된 우선주로 고정배당률은 연 5.20%다. 금리가 낮을 때 발행해 다른 대형 회사 우선주들에 비해 배당률이 낮은 편이다. 배당률이 낮다 보니 주가는 25달러 미만에서 낮게 거래되고 있어서 실제 배당률은 연 6% 내외에서 형성되고 있다. 매입권리 기준일이 지났음에도 계속 거래되고 있으며 현재 주가 기준 배당률은 연 5.90%다. 현재 주가인 22.05달러에 사둔다면 매입권리가 행사되더라도 원금에서도 13%의 수익을 기대할 수 있다.

- 종목코드 : PSA-X [누적적 우선주(Cumulative Preference Share)]
- 고정배당률 : 연 5.20%(연간 배당금 1.3달러, 배당주기 3개월)
- 매입권리 기준일 : 2018. 3. 13. 이후
- 주가와 배당률

- 최고가 : 25.32달러(연 5.13%)
- 최저가 : 21.45달러(연 6.06%)
- 현재가 : 22.05달러(연 5.90%)

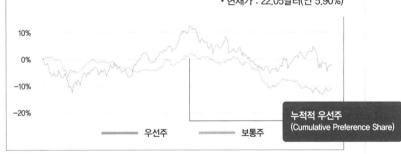

보통주와 우선주 주가(2018년 기준)

우선주 배당성향 : 12.7%

2018년도 당기순이익은 1.9조원(17.1억 달러)으로 당기순이익 기준 배당성향은 12.7%다. 회사 이익이 50% 이상 감소해도 우선주 배당능력에 문제는 없다. 안정성이 확보되어 있다고 보면 된다. 이 회사 역시 리츠회사로, 사업운영수익(FFO)을 살펴볼 필요가 있다. 2018년 사업운영수익(FFO)은 당기순이익보다 조금 큰 2조원(18.2억 달러)이며 전년도에 비해 8% 증가하면서 좋은 실적을 보여주고 있다.

> 안정성 확보!
> 배당성향 12.7%

■ 퍼블릭 스토리지 X시리즈 우선주 연도별 배당성향

(단위 : 억 달러)

구분	2015년	2016년	2017년	2018년
당기순이익(Net income)	13.1	14.5	14.4	17.1
우선주 배당금 지급액 (Preferred dividend)	2.54	2.65	2.66	2.16
우선주 배당성향	19.4%	18.3%	18.5%	12.7%

* 연차 보고서(10-K)를 기준으로 재구성

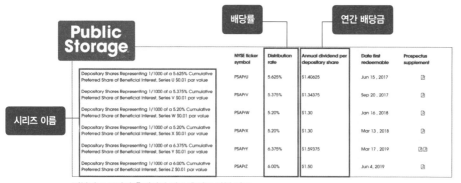

퍼블릭 스토리지 홈페이지 제공 우선주 발행 정보
www.publicstorage.com → Company Info → Investor Relations → Stock Info → Preferred Securities

퍼블릭 스토리지는 여러 종류의 우선주를 발행하고 있다. 우선주에 대한 발행 정보는 회사 홈페이지 투자자 센터(investors.publicstorage.com)에 자세히 공시되어 있다.

시리즈	종목코드	고정배당률	매입권리 기준일
A시리즈	PSA-A	연 5.875%	2019. 12. 02.
C시리즈	PSA-C	연 5.125%	2021. 05. 17.
D시리즈	PSA-D	연 4.950%	2021. 07. 20.
E시리즈	PSA-E	연 4.900%	2021. 10. 04.
F시리즈	PSA-F	연 5.150%	2022. 06. 02.
G시리즈	PSA-G	연 5.050%	2022. 08. 09.
V시리즈	PSA-V	연 5.375%	2017. 09. 20.
W시리즈	PSA-W	연 5.200%	2018. 01. 16.

다양한 시리즈의 우선주

06 보르나도 리얼티 트러스트
(Vornado Realty Trust)

회사 소개

뉴욕 맨해튼을 중심으로 A급 대형 빌딩과 쇼핑센터 임대사업을 하는 시가 총액 14조원의 리츠회사다. 최근의 사업실적은 좋지 않으나, 현재 뉴욕 맨해튼 대형 빌딩에 집중하기 위해 워싱턴 DC에 있는 37개 빌딩을 처분하고 뉴욕

보르나도 리얼티 트러스트 보유 빌딩

빌딩 중심으로 사업구조 재편 중이다. 뉴욕 지역 빌딩 임대율이 높기 때문인데, 이 회사가 보유한 뉴욕 빌딩의 임대율은 97.2%다.

배당률과 주가 요약 | K시리즈

2012년 7월에 발행된 우선주로 고정배당률은 연 5.70%다. 금리가 낮았던 시점에 발행되어 다른 대형 회사 우선주에 비해 배당률이 낮은 편이다. 매입권리 기준일도 지나 25달러 미만에서 거래되고 있다. 현재 배당률은 연 6.34%이며 현재 주가인 22.49달러에 사둔다면 매입권리가 행사되더라도 원금에서도 11%의 수익을 기대할 수 있다.

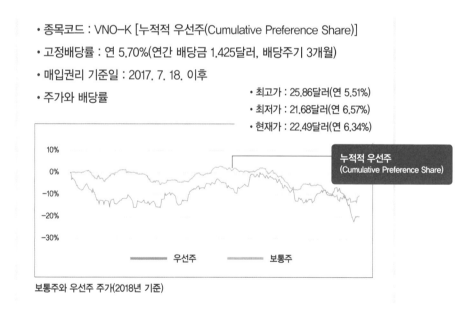

- 종목코드 : VNO-K [누적적 우선주(Cumulative Preference Share)]
- 고정배당 : 연 5.70%(연간 배당금 1.425달러, 배당주기 3개월)
- 매입권리 기준일 : 2017. 7. 18. 이후
- 주가와 배당률
  - 최고가 : 25.86달러(연 5.51%)
  - 최저가 : 21.68달러(연 6.57%)
  - 현재가 : 22.49달러(연 6.34%)

누적적 우선주
(Cumulative Preference Share)

우선주   보통주

보통주와 우선주 주가(2018년 기준)

우선주 배당성향 : 14.5%

2018년 당기순이익은 5천억원(4억 5천만 달러)으로 당기순이익 기준 우선주
배당성향은 14.5%다. 이 회사 역시 리츠회사로, 사업운영수익(FFO, 140쪽 참고)
을 살펴볼 필요가 있다. 이 회사의 사업운영수익(FFO)은 2016년의 1.6조원(약
15억 달러)를 정점으로 점차 줄어들어 2018년에는 8천억원(7억 300만 달러)으로 감
소했다. 사업구조 개편이 진행된 배경이다(보통주는 투자대상으로 적합하지 않다).

■ **보르나도 리얼티 트러스트 K시리즈 우선주 연도별 배당성향**   (단위 : 백만 달러)

구분	2015년	2016년	2017년	2018년
당기순이익(Net income)	760.4	906.9	227.4	449.3
우선주 배당금 지급액 (Preferred dividend)	80.6	83.3	65.4	65.1
우선주 배당성향	10.6%	9.2%	28.8%	14.5%

충분한 안정성 확보,
배당성향 기복 영향 미비

* 연차 보고서(10-K)를 기준으로 재구성

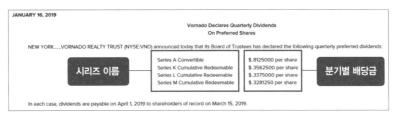

보르나도 리얼티 트러스트 홈페이지 제공 우선주 배당금 지급 안내자료
www.vno.com → News → Vornado Declares Quarterly Dividends On Preferred Shares

tip 보르나도 리얼티 트러스트의 전환 우선주(Convertible)

보르나도 리얼티 트러스트의 우선주 배당금 지급 안내자료를 유심히 살펴보면 고정배당 우선주 말고도 리스트 맨 위에 전환 우선주(Series A Convertible)라는 게 보일 것이다. **전환 우선주란 일정한 조건하에 보통주로 전환될 수 있는 주식**인데, 보통주로 전환할 때 시세차익(손실)을 볼 수도 있고 주가도 많이 변하는 편이어서 이 책에서는 다루지 않는다. 전환 우선주들은 종목명 뒤에 Convertible(또는 Con)이라고 명시되어 있다. 아래 표에 소개된 우선주는 이 회사의 고정배당금 우선주들이다.

**Vornado Declares Quarterly Dividends
On Preferred Shares**

announced today that its Board of Trustees has declared the follow

전환 우선수

Series A Convertible	$.8125000 per share
Series K Cumulative Redeemable	$.3562500 per share
Series L Cumulative Redeemable	$.3375000 per share
Series M Cumulative Redeemable	$.3281250 per share

시리즈	종목코드	고정배당률	매입권리 기준일
L시리즈	VNO-L	연 5.40%	2018. 01. 25.
M시리즈	VNO-M	연 5.25%	2022. 12. 13.

부동산
담보대출 회사
고정배당률
연 8.0%

페니맥 모기지
인베스트먼트 트러스트
(PennyMac Mortgage Investment Trust)

07

회사 소개

대부분의 리츠회사는 부동산을 사들여 임대사업을 한다. 그러나 페니맥 모기지 인베스트먼트 트러스트는 일반적인 리츠회사와 달리 임대사업이 아닌 부동산 담보대출 사업을 한다. 이런 회사들을 모기지 리츠회사라고 한다. 모기지 리츠회사는 낮은 금리로 자금을 빌려 높은 금리의 부동산 담보대출 채권(모기지 채권이라고 한다)에 투자하는 회사로서 일종의 채권투자 회사와 비슷하다.

배당률과 주가 요약 | B시리즈

2017년 6월에 발행된 우선주로 고정배당률은 연 8.0%다. 그러나 이 우선주는 2024년 6월 이후 변동배당률로 바뀐다. 이런 우선주들을 고정/변동배당 혼합 우선주라고 한다(종목명에 'Fixed to Floating'이라고 명시되어 있다).

중소형 우선주이다 보니 주가는 25달러 아래에서 거래되는 편이지만 배당의 안정성은 떨어지지 않아 주가는 안정적인 흐름을 보여준다. 현재 주가는 23.44달러, 배당률은 연 8.53%이며, 매입권리가 행사될 경우 원금에서도 6.7%의 수익을 기대할 수 있다.

- 종목코드 : PMT-B(누적적 우선주, 고정/변동배당 혼합 우선주)
- 고정배당률 : 연 8.0%(연간 배당금 2.0달러, 배당주기 3개월)
- 변동배당률 : 기준금리(3개월 리보금리◆) + 연 5.99% 가산(2024. 6. 15. 이후)
- 매입권리 기준일 : 2024. 6. 15. 이후
- 주가와 배당률
  - 최고가 : 25.38달러(연 7.88%)
  - 최저가 : 22.81달러(연 8.77%)
  - 현재가 : 23.44달러(연 8.53%)

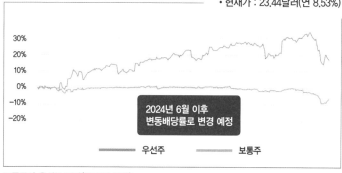

2024년 6월 이후
변동배당률로 변경 예정

우선주   보통주

보통주와 우선주 주가(2018년 기준)

◆　　**리보금리** : 리보금리(LIBOR)는 영국 은행들 간에 단기자금을 거래할 때 적용하는 금리로, 금융거래의 기준금리로 사용되는 대표적인 국제금리다. 금융위기 이후 리보금리도 0.5% 내외에서 저금리를 유지했으나 미국이 기준금리를 올리기 시작한 2015년 하반기부터 계속 오르기 시작해 지금은 연 2.6% 내외에서 형성되고 있다.

우선주 배당성향 : 16.5%

2017년에 처음으로 우선주를 발행했다. 하지만 2018년 기준 당기순이익은
1,650억원(1억 5,200만 달러)으로 당기순이익 기준 우선주 배당성향은 16.5% 수
준이다. 당기순이익이 60~70% 감소하더라도 우선주 배당금을 커버할 수 있으
니 안정성이 충분하다. 참고로 모기지 리츠회사들은 부동산을 보유하고 있지
않아 우선주 배당성향은 당기순이익을 중심으로 살펴보면 된다.

■ 페니맥 모기지 인베스트먼트 트러스트 B시리즈 우선주 연도별 배당성향 (단위 : 백만 달러)

구분	2015년	2016년	2017년	2018년
당기순이익(Net income)	88	75	117	152
우선주 배당금 지급액 (Preferred dividend)	–	–	15	25
우선주 배당성향	–	–	13.1%	16.5%

10%대 배당성향으로
안정성 충분!

* 연차 보고서(10-K)를 기준으로 재구성

PennyMac Mortgage Investment Trust
Declares Fourth Quarter 2018 Dividends for Its Preferred Shares

Westlake Village, CA, November 19, 2018 – PennyMac Mortgage Investment Trust (NYSE:
PMT) announced today that its Board of Trustees has declared cash dividends for the fourth
quarter of 2018 on its 8.125% Series A Fixed-to-Floating Rate Cumulative Redeemable Preferred
Shares of Beneficial Interest (the "Series A Preferred Shares") (NYSE: PMT PrA) and its 8.00%
Series B Fixed-to-Floating Rate Cumulative Redeemable Preferred Shares of Beneficial Interest
(the "Series B Preferred Shares") (NYSE: PMT PrB).

In accordance with the terms for each preferred series, the dividend information is as follows:

연간 배당률

시리즈 이름

분기별 배당금

Series	Ticker	Annual Dividend Rate	Dividend Per Share	Record Date	Payment Date
A	PMT PrA	8.125%	$0.507813	December 1, 2018	December 17, 2018
B	PMT PrB	8.000%	$0.500000	December 1, 2018	December 17, 2018

페니맥 모기지 인베스트먼트 트러스트 홈페이지 제공 우선주 배당금 지급 안내자료
www.pennymacmortgageinvestmenttrust.com → Press Releases

페니맥 모기지 인베스트먼트 트러스트에서 발행한 우선주는 B시리즈 외에 A시리즈 우선주가 있다. A시리즈 우선주도 누적적 우선주이자 고정/변동배당 혼합 우선주다.

시리즈	종목코드	고정배당률	변동배당률	매입권리 기준일 (변동배당 전환일)
A시리즈	PMT-A	연 8.125%	3개월 리보금리 + 5.831%	2024. 03. 15.

08 펀드에서 발행하는 우선주

펀드에서 발행하는 우선주

회사(Company) 형태로 설립된 펀드들을 폐쇄형 펀드(Closed end fund)라고 한다. 폐쇄형 펀드들은 일반 회사와 동일하게 보통주와 우선주를 발행해 운용할 자금을 모집하고, 운용수익을 주주들에게 정기적으로 배당한다.

펀드에서 발행한 우선주들은 거래량이 수백에서 수천 주 정도로 매우 적고, 매입권리가 행사될 가능성이 적은 편이다. 매입권리를 행사해서 우선주를 없애버리면 펀드 규모가 줄어들기 때문이다. 따라서 **펀드 우선주들은 한번 사두면 오랫동안 들고 갈 수 있다**는 장점이 있다. 여기서는 금융위기 이전에 발행되어 지금까지 계속 거래되고 있는 우선주들을 살펴본다. 금융위기 시점의 우선주 주가 하락폭과 회복속도도 확인해 보자.

펀드 우선주의 안정성은 우선주 신용평가 등급으로 확인

펀드들은 사업실적이 없어서 우선주의 안정성을 우선주 신용평가 등급으로 확인한다. 여기서 소개하는 펀드 발행 우선주는 신용등급 A등급 이상으로 안정적인 편이다.

1 | 가벨리 멀티미디어 펀드(Gabelli Multimedia Fund)

1994년에 설립되어 엔터테인먼트나 IT산업에 투자하는 펀드로서 펀드 자산은 3,200억원(2.9억 달러)이다. 2003년에 발행된 B시리즈 우선주의 경우 고정배당금을 주는 누적적 우선주로서 2003년 이후 연 6.0%의 고정배당금을 16년째 지급하고 있다.

$50,000,000

The Gabelli Global Multimedia Trust Inc. 1,000,000 Shares, 6.00%

Series B Cumulative Preferred Stock

(Liquidation Preference $25 per Share)

누적적 우선주 표기

GGT-B 우선주 발행 신고서상의 우선주 명칭

· 종목코드 : GGT-B(누적적 우선주)

· 고정배당률 : 연 6.00%(연간 배당금 1.5달러, 배당주기 3개월)

· 매입권리 기준일 : 2009. 3. 26. 이후

· 우선주 신용등급 : A2(무디스 신용등급♦)

◆　　**무디스 신용등급** : 신용평가회사인 무디스(Moody's)에서 매긴 신용등급이다. 무디스는 스탠더드 앤 드 푸어스(Standard & Poor's), 피치 레이팅스(Fitch Ratings)와 함께 세계 3대 신용평가회사로 꼽힌다.

· 주가와 배당률 (2003년~)

금융위기로 인해 우선주 주가가 30% 이상 하락했지만 2009년 상반기에 전부 회복

하였다. 위기상황에서는 우선주 주가도 투자자들의 과잉반응으로 크게 변동하지만

고정배당금이라는 요소가 있어 회복속도가 매우 빠르다. 2018년 말 현재 배당률은

연 5.93%다(주가 25.31달러).

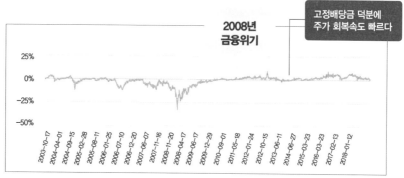

2 | 제너럴 아메리칸 인베스터 펀드(General American Investors)

1929년에 설립되어 90년의 역사를 이어가고 있는 펀드다. 정보통신, 금융,

소비재 등에 투자하는 펀드로서 펀드 자산은 1.4조원(13억 달러)이다. 2003년에

발행된 B시리즈 우선주는 고정배당금을 주는 누적적 우선주로서 2003년 이후

연 5.95%의 고정배당금을 16년째 계속 지급하고 있다.

GAM−B 우선주 발행 신고서상의 우선주 명칭

· 종목코드 : GAM−B[누적적 우선주(Cumulative Preference Share)]

· 고정배당률 : 연 5.95%(연간 배당금 1.4875달러, 배당주기 3개월)

· 매입권리 기준일 : 2008. 9. 24. 이후

· 우선주 신용등급 : A1(무디스 신용등급)

· 주가와 배당률 (2003년~)

바로 앞에서 소개한 우선주와 주가 흐름이 거의 똑같다. 금융위기로 인해 17달러까지 떨어졌지만 2009년 말에 회복해서 지금까지 큰 변동 없이 계속 거래되고 있다. 누적적 우선주로서 배당이 중단된 적은 없으며 2018년 말 현재 배당률은 연 5.78%다(주가 25.72달러).

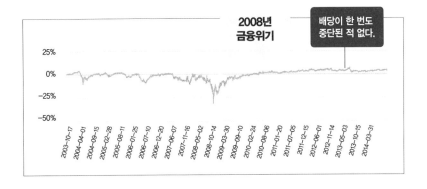

3 | 알리안츠 인컴 펀드(AllianzGI Convertible & Income Fund)

알리안츠 자산운용에서 설립한 1조원 규모의 인컴펀드(NCV)에서 2018년 9월 발행한 누적적 우선주 펀드다. 우선주 신용등급은 최고등급인 AAA(Fitch 등급)다. 매입권리 기준일은 2023년 9월이며 고정배당률은 연 5.625%이다.

$100,000,000

4,000,000 Shares

AllianzGI Convertible & Income Fund

5.625% Series (A) Cumulative Preferred Shares

Liquidation Preference $25.00 per share

우선주 발행 신고서상의 우선주 명칭

> **누적적 우선주 표기**

· 종목코드 : NCV－A(누적적 우선주)

· 고정배당률 : 연 5.625%(연간 배당금 1.40625달러, 배당주기 3개월)

· 매입권리 기준일 : 2023. 9. 20. 이후

· 우선주 신용등급 : AAA(Fitch 등급)

· 주가와 거래량 (2018년 9월~)

발행일 이후 우선주 주가는 23.45달러에서 25.15달러 사이에서 거래되고 있다. 현재 배당률은 연 5.97%다(주가 23.58달러).

아래 그래프에서 회색 막대그래프는 우선주 거래량을 보여준다. 발행 초기에는 거래량이 제법 있다가 급속히 줄어드는 모습을 보여준다. 우선주 대부분의 거래 패턴이다. 한번 사두면 되팔 이유가 적기 때문이다.

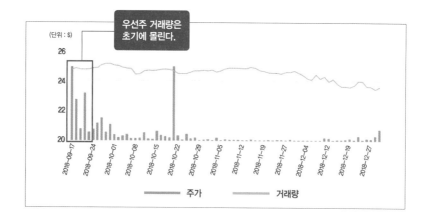

주식처럼
거래하는 펀드
배당률은
연 6% 내외

09 우선주 ETF

우선주 ETF란?

ETF는 주식처럼 거래할 수 있는 펀드들이다. **개별 종목에 대한 직접투자가 부담스럽다면 우선주 ETF에 투자하는 것도 좋은 대안이다.**

우선주 ETF들은 100~450여개 종목의 고정배당 우선주에 주로 투자하고 있

우선주 ETF

(100~450여개 종목 고정배당 우선주에 투자)

어서 ETF 가격(주가)과 배당률은 우선주들의 평균값으로 보면 된다. 아래 그래프는 여기서 소개할 3가지 ETF의 2018년도 주가 흐름이다. 투자대상이 대부분 고정배당 우선주여서 주가 흐름은 비슷하다.

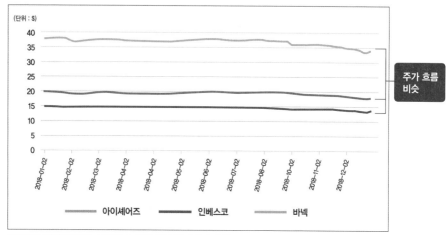

우선주 ETF(아이셰어즈, 인베스코, 바넥) 2018년도 주가 흐름

우선주 ETF의 배당패턴

우선주 ETF들은 1개월 단위로 정기적으로 배당금을 주지만 **고정배당금은 아니어서 배당금 액수는 매번 다르다.** 하지만 연간으로 보면 대부분 연 6% 내외를 안정적으로 배당하고 있다. 투자대상이 대부분 우선주이기 때문이다(우선주 거래물량이 적은 이유 중 하나도 우선주 ETF들이 상당수 보유하고 있기 때문이다).

1│아이셰어즈 우선주 ETF(iShares US Preferred Stock ETF)
미국 우선주 ETF 중에 제일 큰 펀드다. 펀드 규모는 15조원 내외이며 450

여개 우선주에 투자하고 있다. 금융회사 우선주 비중이 70%이며, 그다음은 리츠회사로서 10% 정도를 차지한다. 월마다 지급하는 배당금은 매번 다르지만 연간으로 보면 연 6% 내외의 배당수익을 기대할 수 있다.

· 종목코드 : PFF

· 배당률 : 연 6% 내외

· 배당주기 : 한 달(2월~11월 1번, 12월 2번)

· 펀드보수◆ : 연 0.47%

· ETF 주가와 배당률(2018년)

2018년 들어 주가는 33.41달러에서 38.19달러 사이에서 거래되었다. 2018년 말 ETF 주가는 34.23달러이며 연 6% 내외의 배당률을 기대할 수 있다. 아래 그래프는 ETF의 월별 배당금이다. 2월부터 11월까지는 한 달에 1번, 12월에는 2번 지급된다. 이런 배당 방식은 해당 펀드의 배당정책으로 특별한 이유는 없다.

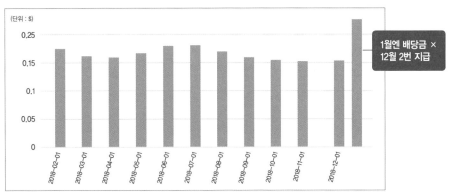

아이셰어즈 우선주 ETF 배당금 지급 추이

◆　　　펀드보수 : 주식 직접투자는 1회성 거래수수료만 부담하면 되지만 ETF투자는 1회성 거래수수료 외에 펀드보수라는 수수료를 매년 부담해야 한다.

2 | 인베스코 우선주 ETF(Invesco Preferred ETF)

미국에서 두 번째로 큰 우선주 ETF다. 펀드 규모는 5조원 내외로서 구성종목, 주가 흐름, 연 배당률 등은 앞서 소개한 아이셰어즈 ETF와 비슷하나 매월 지급하는 **배당금이 상대적으로 일정**한 편이다.

· 종목코드 : PGX

· 배당률 : 연 6% 내외

· 배당주기 : 한 달

· 펀드보수 : 연 0.52%

· ETF 주가와 배당률(2018년)

2018년 들어 주가는 13.18달러에서 14.85달러 사이에서 거래되었다. 배당률도 연 6% 내외를 기대할 수 있다. 인베스코 ETF의 월별 배당금은 일정한 편이다.

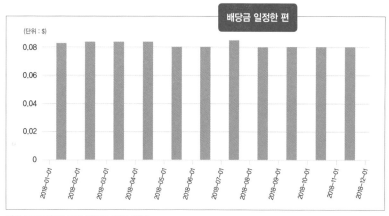

인베스코 우선주 ETF 배당금 지급 추이

3 | 바넥 우선주 ETF(VanEck Vectors Preferred Securities ex Financials ETF)

바넥 ETF는 은행 우선주에는 투자하지 않는다. 일반 회사와 리츠사, 보험회사 우선주에 주로 투자하는 ETF로서 100여개 종목으로 구성되어 있다. 펀드 규모는 6천억원 내외이며 **중소형 우선주들이 많아** 연 배당률은 6% 초중반을 기대할 수 있다.

· 종목코드 : PFXF

· 배당률 : 연 6% 초중반

· 배당주기 : 한 달(2월~11월 1번, 12월 2번)

· 펀드보수 : 연 0.41%

· ETF 주가와 배당률(2018년)

2018년 들어 주가는 17.35달러에서 19.82달러 사이에서 거래되었다. 2월에서 11월까지는 한 달에 1번, 12월에는 2번 배당한다. 배당금의 변동폭이 제법 있지만 연간으로 보면 일정한 편이다.

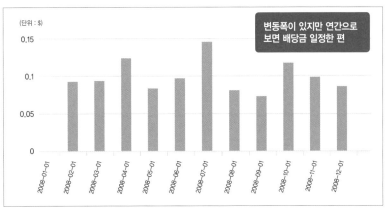

바넥 우선주 ETF 배당금 지급 추이

배당투자의 기본 컨셉은 Buy and Hold다. 수시로 매매하기보다는 좋은 주식을 모아가는 수집(Collecting)에 가깝다.

미국 배당주에 1억원을 투자한다면 수수료와 환전비용을 합해서 대략 50~100만원의 비용이 발생한다. 적지 않은 금액이다. 하지만 주식거래 비용은 1회성 비용이어서 수시로 사고팔지 않는다면 펀드 수수료에 비해 저렴하다.

만약 펀드투자를 한다면 펀드보수라고 불리는 수수료가 매년 발생한다. 본인이 직접 내지 않으니 인식하지 못할 뿐 투자자가 부담하는 명백한 비용이다.

펀드보수가 연 1.5%인 펀드에 1억원을 투자했다면 매년 150만원이 수수료로 나간다. 이익도 손실도 없이 1억원이 유지된 경우 2년이면 300만원, 5년이면 750만원이 빠져나간다. 수익을 잘 내는 펀드라면 상관없지만 제 역할을 못하는 펀드들도 많이 있으니 꼼꼼히 따져보기 바란다.

투자 유형	수수료, 환전 비용	
미국 배당주 1억 투자	**1회** 50~100만원	수수료는 적고, 수익은 확실한 미국 배당주!
국내 펀드 1억 투자	**매년** 150만원	

10 대형 금융회사 우선주

미국 금융회사들이 우선주를 많이 발행하는 이유

미국 우선주 시장에서 금융회사 우선주가 차지하는 비중은 대략 70% 정도다. 금융회사들이 우선주를 많이 발행하는 이유는 **미국 금융감독 당국의 금융규제 강화와 관련**이 있다. 미국 금융감독 당국에서는 금융회사들의 안정성을 높이기 위해 부채를 늘리거나 외부 투자를 늘리는 경우 그에 비례해서 자기자본을 늘리도록 하고 있다. 이로 인해 많은 금융회사들이 자본조달을 위해 우선주들을 계속해서 발행하고 있다.

여기서는 우리에게 잘 알려진 미국의 대형 금융회사 우선주들을 소개한다. 이 우선주들의 **고정배당률은 거의 연 5~6%**이며, 안정성에 대한 우려가 없다보니 대부분 프리미엄이 붙어서 거래된다. 하지만 이 우선주들도 주가가 하락할 때가 종종 있으니 25달러 아래에서 살 기회들은 찾을 수 있다.

대형 금융회사 우선주 사례

1 | 제이피모건체이스(JPM)

제이피모건이 발행한 우선주 규모는 28조원이며 자기자본의 10%에 해당한다. 우선주 배당성향은 당기순이익(2018년 35조원)의 4.8%에 불과하다. 대형 금융회사 우선주들은 안정성을 걱정할 대상이 아니다.

> 대형 금융회사 우선주도 종종 25달러 이하로 떨어지니 기회를 노리자.

우선주	고정배당률	변동배당률	매입권리 기준일	매입가격	비고
JPM-A (P시리즈)	연 5.45% (1.3625달러)	-	2018. 03. 01.	25달러	비누적적 3개월 배당
JPM-F (Y시리즈)	연 6.125% (1.5312달러)	-	2020. 3. 1.	25달러	비누적적 3개월 배당
JPM-G (AA시리즈)	연 6.10% (1.525달러)	-	2020. 9. 1.	25달러	비누적적 3개월 배당
JPM-H (BB시리즈)	연 6.15% (1.5375달러)	-	2020. 9. 1.	25달러	비누적적 3개월 배당

2 | 웰스파고(WFC)

미국에서 세 번째로 큰 은행이다. 1852년에 설립되었고, 소매금융에 강점이 있다. 웰스파고가 발행한 우선주 규모는 28조원이며 자기자본의 12%에 해당한다.

웰스파고 우선주 중에는 **고정배당과 변동배당이 혼합된 우선주들도 있다.** 변동배당으로 전환되는 시점은 매입권리 기준일과 같다. 매입권리가 행사되지 않으면 변동배당으로 전환되는 것이다. **우선주 배당성향은 당기순이익** (2018년 24조원)**의** 7.6%다.

우선주	고정배당률	변동배당률	매입권리 기준일	매입가격	비고
WFC-N (N시리즈)	연 5.20% (1.3달러)	-	2017. 09. 15.	25달러	비누적적 3개월 배당
WFC-O (O시리즈)	연 5.125% (1.28125달러)	-	2017. 12. 15.	25달러	비누적적 3개월 배당
WFC-P (N시리즈)	연 5.25% (1.3125달러)	-	2018. 06. 15.	25달러	비누적적 3개월 배당
WFC-Q (Q시리즈)	연 5.85% (1.4625달러)	3개월리보 +3.09% (2023.9.15.~)	2023. 09. 15.	25달러	비누적적 3개월 배당
WFC-R (R시리즈)	연 6.625% (1.65625달러)	3개월리보 +3.69% (2024.3.15.~)	2024. 03. 15.	25달러	비누적적 3개월 배당
WFC-T (T시리즈)	연 6.0% (1.5달러)	-	2019. 09. 15.	25달러	비누적적 3개월 배당
WFC-V (V시리즈)	연 6.0% (1.5달러)	-	2020. 12. 15.	25달러	비누적적 3개월 배당
WFC-W (W시리즈)	연 5.70% (1.425달러)	-	2021. 03. 15.	25달러	비누적적 3개월 배당

3 | 골드만삭스(GS)

자산규모 1,000조원으로 미국 내 5위 회사다. 골드만삭스에서 발행한 우선주 규모는 13조원으로 자기자본의 12%에 해당한다. 이 우선주들의 **고정배당률**은 대부분 5~6%다. 우선주 배당성향은 당기순이익(2018년 11조원)의 6%다.

우선주	고정배당률	변동배당률	매입권리 기준일	매입가격	비고
GS-J (J시리즈)	연 5.50% (1,375달러)	3개월 리보 +3.64% (2023.10.5.~)	2023. 05. 10.	25달러	비누적적 3개월 배당
GS-K (K시리즈)	연 6.375% (1.59375달러)	3개월 리보 +3.55% (2023.10.5.~)	2024. 05. 24.	25달러	비누적적 3개월 배당
GS-N (N시리즈)	연 6.30% (1.575달러)	–	2021. 05. 10.	25달러	비누적적 3개월 배당

4 | 찰스스왑(SCHW)

우리나라 증권업계의 벤치마킹 대상으로 많이 알려져 있는 증권사다. 은행업도 하고 있어 은행지주회사로 분류되며 2018년 자산규모는 330조원, 당기순이익은 2.6조원이다. 이 우선주들의 **고정배당률** 역시 5~6%다.

국내 증권업계 벤치마킹 대상으로 많이 알려져 있다.

찰스스왑이 발행한 우선주 규모는 3조원으로 자기자본의 14%에 해당한다. 우선주 배당성향은 당기순이익(2018년 3.9조원)의 5.1%다.

종목코드	고정배당률	변동배당률	매입권리 기준일	매입가격	비고
SCHW-C (C시리즈)	연 6.0% (1.5달러)	–	2020. 12. 01.	25달러	비누적적 3개월 배당
SCHW-D (D시리즈)	연 5.95% (1.4875달러)	–	2021. 06. 01.	25달러	비누적적 3개월 배당

월급쟁이를 위한 배당성장주 BEST 7

미국 배당주 투자지도

적금 붓듯이 꾸준히, 복리효과를 누리자!

적립식에 적합한 배당성장주는 미래를 위한 씨앗

앞에서 살펴본 고정배당 우선주에서는 주가수익을 기대할 수 없지만 적립투자형 배당성장주(보통주)에서는 주가수익과 배당수익 모두를 얻을 수 있다. 배당의 안정성과 성장성을 겸비한 종목들을 선별해 배당률에 시선을 두고 장기투자를 함으로써 원금도 불려나가는 것이다. 실적이 뒷받침되고 배당금을 잘 주는 기업들에 장기투자를 하다 보면 배당률은 자동으로 높아진다. 더불어 강세장이 왔을 때 높은 주가수익을 올릴 수 있는 확률이 높다.

매월 또는 목표배당률 실현 때마다 정기적으로 투자

투자할 종목들을 선택했다면 두 가지 방식으로 접근할 수 있다. 주가와 관계없이 정기적으로 모아가는 방식과 원하는 가격(배당률)에 도달할 때마다 모아가는 방식이다. 만약 배당금으로 다시 재투자를 한다면 늘어난 주식수만큼 배당금도 늘어난다. 일종의 배당 복리투자라고 할 수 있다. 원금에서 나온 배당금이 다시 원금(주식)이 되어 배당금이 계속 늘어가는 것이다.

인생 배당주를 만들자!

여기서 소개하는 종목들은 경기민감도가 낮은 산업, 성장성이 기대되는 산업, 그리고 배당주가 많이 속해 있는 산업 중에서 널리 알려진 배당주들만을 골랐다. 배당투자를 위한 스타팅 포인트(Starting Point)라고 생각했으면 한다. 앞으로의 배당투자 여정에서 더 좋은 인생 배당주들을 만나기 바란다.

01 리얼티 인컴
(Realty Income)

회사 소개

리츠회사 중 소형 점포나 대형 쇼핑센터 등을 임대해 주는 회사들을 리테일 리츠(Retail REITs)라고 한다. 미국 주식시장에는 36개 리테일 리츠사가 상장되어 있으며, 이들은 다시 중소형 독립점포에 주력하는 회사들과 대형 쇼핑센터(아울렛)에 주력하는 회사들로 나뉜다.

리얼티 인컴은 중소형 독립점포에 주력하는 대표적인 회사로서, 미국 전역에서 5,700여개의 점포를 임대하고 있다. 임대점포 중에는 약국(임대수입 중 11% 차지) 비중이 제일 높으며 그다음으로 편의점, 피트니스센터 순이다. 50여개 업종에 나누어 임대하고 있으며 2018년도 임대율은 98.8%다(1994년에 주식시장에 상장된 이래 가장 낮았던 임대율은 2010년의 96.6%다).

- 배당률 : 연 4.21%
- 주가 : 63.04달러
- 시가총액 : 22조원
- 종목코드 : O

중소형 점포 임대업 회사 리얼티 인컴

배당 히스토리 │ 배당률 연 4~5%, 1994년 이후 배당금 인상

· 1994년부터 지금까지 매년 배당금을 인상하고 있다. 2018년에는 2~3달 간격으로 정기배당금을 인상했으며, 연간 4~5% 정도씩 배당금을 인상하고 있다.

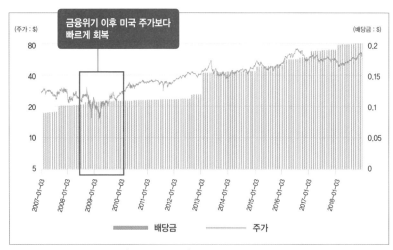

리얼티 인컴 배당금과 주가 추이(2007년~2018년)

174

· 금융위기로 인해 주가가 46%까지 하락했다가 2010년 초에 회복했다. 실적이 뒷받침되는 회사들은 이처럼 주가의 회복속도가 빠르다. 참고로, 미국 주가지수(S&P500)는 2012년 2분기에야 회복되었다.

· 2018년 들어 주가는 48달러에서 66달러 사이에서 거래되었으며, 2018년 말 주가는 63.04달러, 배당률은 연 4.21%다.

주요 지표

· 1994년에 630개였던 임대점포 수가 2018년 현재 5,700여개로 증가했다. 2017년 한 해에만 303개의 신규 점포를 인수하는 등 사업확장을 계속하면서 소비 트렌드에 발맞춰 임대업종 조정도 하고 있다. 온라인 쇼핑산업의 빠른 성장에 대응하여 온라인 진출이 어려운 업종인 약국과 피트니스클럽 등의 비중을 높여가고 있는 것이 대표적이다.

· 점포수 증가와 높은 임대율로 인해 매출(임대수입)과 사업운영수익(FFO)이 계속 늘고 있으며, 매출액의 68%가 사업운영수익(FFO)◆으로 전환되고 있다. 100억원의 매출이 발생하면 그중 68억원이 배당 재원으로 전환된다는 뜻이다. 다른 유형의 리츠회사(오피스 건물, 호텔 등)들은 30~40% 수준인 데 반해 높은 수치다. 경영효율이 높다는 의미다.

◆　　FFO : 리츠회사는 당기순이익으로만 사업실적을 판단할 경우 정확한 판단이 어렵다. 이에 따라 미국 리츠협회(Nareit)에서는 사업운영수익(FFO : Funds From Operation)이라는 별도의 수익지표를 만들었다. FFO 관련 자세한 내용은 140쪽 참고.

■ 리얼티 인컴 연도별 주요 지표

(단위 : 억 달러)

구분	2015년	2016년	2017년	2018년
매출	10.2	11.0	12.2	13.3
당기순이익	2.57	2.88	3.01	3.64
사업운영수익(FFO)	6.52	7.35	7.73	9.03
배당성향(FFO 기준)	86%	87%	90%	84%
부채비율	81%	94%	90%	88%

리츠회사의 사업실적 사업운영수익(FFO)을 중심으로 판단!

* 연차 보고서(10-K)를 기준으로 재구성

리얼티 인컴과 같은 리테일 리츠회사 중에는 배당주로 유명한 회사들이 많이 있다. 불황기에도 뛰어난 임대관리 역량을 보여주는 회사들이니 리얼티 인컴을 시작으로 해당 업종에 관심을 가져보자.

◆ **72의 법칙** : 72를 연간 복리수익률로 나누면, 원금이 두 배가 되는 시간과 같아진다는 법칙이다. 72의 법칙을 적용하면 지금의 배당률이 2배가 되는 기간을 간단히 계산할 수 있다. 72를 배당금 인상률(6퍼센트)로 나누면 12(72÷6)가 나오는데 배당금이 매년 6퍼센트씩 인상되면 12년 뒤 배당률이 지금의 2배가 된다는 의미다.

스토어 캐피털(Store Capital : STOR)은 상가형 점포에 주력하는 중견 회사로 2014년에 상장되었다(업력은 30년이 넘는다). 2,100여개의 점포를 운영하는 회사로서 2017년에 워런 버핏의 버크셔 해서웨이가 10%의 지분을 매입해 주목을 받고 있다.

이 회사는 점포를 매입한 후 기존 소유주에게 다시 장기임대를 해주는 '세일즈-리스 백 (Sales-Lease Back)'이라는 독특한 사업모델을 기반으로 한다. 점포를 매입해서 그대로 다시 임대하는 방식이어서 99.7%의 임대율을 보인다는 게 장점이다.

아래 표에서 스토어 캐피털의 배당성향 수치를 확인해 보면 리얼티 인컴(84%)에 비해 낮은 것을 알 수 있다. 배당성향 수치가 낮다는 것은 배당금 인상 여력이 상대적으로 높은 회사라는 뜻이다. 실제로도 이 회사는 상장 이후 매년 6% 정도를 인상하고 있다. 지금처럼 배당금을 연평균 6%씩 계속 인상한다면 12년 뒤 배당률은 현재의 2배가 되어 연 9%가 넘는다.

■ **스토어 캐피털 배당주 주요 지표**

배당률	시가총액	배당성향 (배당금/FFO)	배당효율 (FFO/매출)
연 4.66% (2018년 12월 말 주가 28.31달러)	7조원	71%	66%

＊ 배당성향과 배당효율은 2018년 기준

에섹스 프라퍼티 트러스트
(Essex Property Trust)

**주거용 아파트
임대사업을 하는
리츠회사
24년째 배당금
매년 인상!**

회사 소개

단독주택이나 아파트 임대사업을 하는 회사들을 주거용 리츠(Residential REITs)라고 한다. 불경기에도 기본적인 임대수요가 있어 배당금의 안정성이 높은 회사들이다. 주거용 리츠회사들은 금융위기 당시에도 전체적으로 94%라는 높은 임대율을 기록했으며, 미국 전체적으로 임대가구 비율(2006년 31.2% → 2016년 36.6%, US Census Bureau)이 늘고 있어서 지금 소개할 에섹스 프라퍼티 트러스트의 임대율도 꾸준히 상승해 왔다.

에섹스 프라퍼티 트러스트는 24년째 배당금을 인상해 온 주거용 리츠회사로서 임직원 1,800명에 자산규모 14조원의 대형 회사다. 미국 서부지역에서 250개 아파트단지를 운영하면서 6만 가구를 임대하고 있다.

이 회사가 집중하는 사업지역은 IT기업들이 몰려 있는 샌디에이고, 샌프란

시스코, 시애틀 지역으로서 인구 100만 이상 도심지에서 중산층을 대상으로 한 중고급 아파트 임대에 주력한다. 기업경기가 좋아 인구 유입과 고용률이 높은 지역들인 까닭에 이 회사 임대율은 2015년 95%에서 2018년에 96.6%로 상승했다.

- 배당률 : 연 3.03%
- 주가 : 245.21달러
- 시가총액 : 19조원
- 종목코드 : ESS

아파트 등 주거용 임대사업을 하는 에섹스 프라퍼티 트러스트

참고로 주거용 리츠회사들의 안정적인 임대율은 대형 빌딩을 임대하는 오피스 리츠(Office REITs)와 비교해 보면 확인이 된다. 오피스 리츠들은 2008년 금융위기가 발생하자 임대율이 계속 하락해 2010년에 87.8%까지 떨어졌었다.

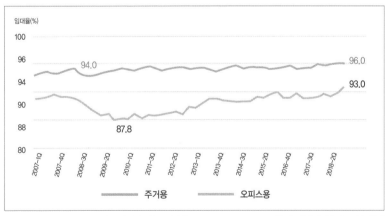

주거용 리츠회사와 오피스 리츠회사의 평균 임대율 　　　　* 미국 리츠협회 공시자료(2018년 3분기)

배당 히스토리 | 24년 연속 배당금 인상, 정기배당금 6.3% 인상

· 금융위기를 포함해 24년 연속 배당금을 인상하고 있으며 배당금 인상률도 높은 편이다. 2018년의 경우 전년도에 비해 정기배당금을 6.3% 인상했다.

· 금융위기 전후의 주가 흐름은 리얼티 인컴과 비슷하다(리얼티 인컴 주가 흐름은 174쪽 참고). 수익기반이 안정적인 회사들은 빠른 주가 회복력을 보여준다.

· 2009년 초반에 50달러까지 떨어졌을 때 투자했다면 지금 배당률은 연 15%에 달하고 주가수익은 4배가 넘는다.

· 주가가 계속 상승하면서 2017년에 최고가를 기록한 후 2018년 주가는 217달러에서 266달러 사이를 오갔다. 2018년 말 주가는 245.21달러, 배당률은 연 3.03%다.

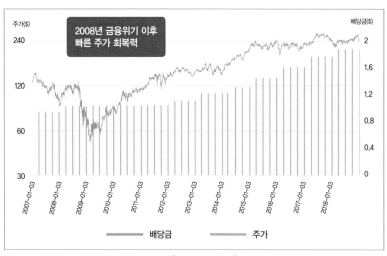

에섹스 프라퍼티 트러스트 배당금과 주가 추이(2007년~2018년)

주요 지표

· 2013년에 경쟁업체를 43억 달러에 인수하면서 임대 아파트 수를 대폭 늘렸다. 또한 2천 세대의 아파트단지를 현재 건설 중이며, 2019년에 대부분 완공되어 2020년부터 임대수입이 발생할 예정이다.

· 2018년도 사업운영 현금흐름(FFO)은 전년도에 비해 7.4% 성장했다. 매출액 중 사업운영수익으로 전환되는 비율(63%)이 높아 사업효율이 높은 회사다.

· 사업운영수익(FFO) 대비 배당성향도 56%여서 배당금 인상 여력이 많다.

■ 에섹스 프라퍼티 트러스트 연도별 주요 지표

(단위 : 억 달러)

구분	2015년	2016년	2017년	2018년
매출	11.9	12.9	13.5	13.9
당기순이익	2.27	4.11	4.33	3.90
사업운영수익(FFO)	6.54	7.55	8.12	8.72
배당성향(FFO 기준)	56%	54%	60%	56%
부채비율	88%	93%	94%	93%

* 연차 보고서(10–K)를 기준으로 재구성

배당성향 낮은 편. 배당금의 안정성과 성장성이 높다!

부채가 많으면 이자비용이 많이 드니 배당금의 안정성이 떨어질 수 있다. 그러나 부채비율은 회사별, 업종별로 차이가 매우 커서 부채비율만으론 배당금의 안정성을 가늠하기 어렵다. 매출이나 영업이익이 좋아지고 있다면 부채를 늘려서 사업을 확장할 수도 있고, 지금 당장은 실적이 좋지 않더라도 미래를 위한 투자를 위해 부채를 늘려 사업을 키울 수도 있어서 일률적인 잣대로 판단하기 어려운 항목이다. 따라서 부채비율은 수치 자체보다는 매출이나 영업이익 등 다른 수치와 함께 보면서 부채비율의 변화에 초점을 맞추는 것이 좋다. 부채비율을 계산하는 방법은 크게 2가지로, 자기자본(Total Equity)을 기준으로 계산하는 방법과 총자산(Total Asset)을 기준으로 계산하는 방법이 있다. 어느 기준을 쓰든 관계없으며, 기준보다는 추이의 변화가 중요하다. 이 책에서는 자기자본을 기준으로 한 부채비율을 사용한다.

$$부채비율 = \frac{부채}{자기자본} \times 100 \quad or \quad \frac{부채}{총자산} \times 100$$

매출 성장률 높은
데이터센터
리츠회사!

03

디지털 리얼티
(Digital Realty)

회사 소개

디지털 리얼티는 고정배당 우선주와 보통주를 발행한다. 여기에서는 디지털 리얼티의 보통주에 대해 살펴보려 한다(디지털 리얼티의 고정배당 우선주는 첫째마당 04장 참고). 기업들을 대상으로 전산데이터 센터를 제공하는 회사들을 데이터센터 리츠(Data center REITs)라고 한다. IT기업이나 일반 기업들을 대상으로 서버 공간 임대, 클라우드 서비스 등을 제공하는데, 데이터센터 임대수요가 늘고 있어 성장성이 기대되는 업종이다.

디지털 리얼티는 미국, 유럽, 호주 등 12개국에서 200여개의 전산데이터 센터를 운영하고 있으며 2,300여 기업을 고객으로 두고 있다(가장 큰 고객은 IBM으로 전체 매출 중 6.4%를 차지하고, 그다음은 페이스북으로 6.3%를 차지하고 있다).

전체 수입 중 80%는 북미지역에서 발생하고 있으나 일본, 남미 등으로도 사업범위를 넓혀가고 있다. 2017년에 일본 미쓰비시와의 제휴를 통해 일본 시장에 진출한 데 이어 2018년에 남미지역 데이터센터 업체를 인수하기로 하는 등 M&A와 신규투자를 통해 수익기반을 확대하고 있다. 2013년에 10조원이던 자산은 2018년 기준 25조원으로 늘어났다.

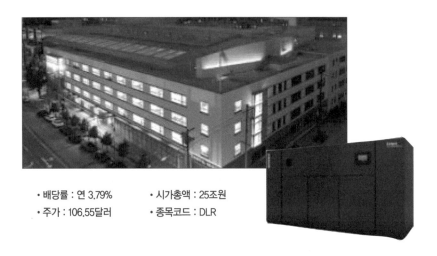

- 배당률 : 연 3.79%
- 주가 : 106.55달러
- 시가총액 : 25조원
- 종목코드 : DLR

배당 히스토리 | 배당률 3~4%, 정기배당금 8.6% 인상

· 금융위기 시기에도 배당금 인상을 이어가 14년째 매년 배당금을 인상하고 있다. 배당성향도 68% 수준이어서 배당금 인상 여력이 높다. 2018년 정기배당금은 전년 대비 8.6% 인상되었다.

· 미국 기준금리 인상 이슈가 불거질 때마다 주가 하락이 뒤따랐지만 매출과 수익은 꾸준히 증가해 왔다. 앞으로도 금리 인상 이슈가 등장할 때마다 주가 변동성이 높아질 수 있지만 실적과 배당금은 꾸준할 것이다.

· 2018년 들어 주가는 98달러에서 124달러 사이에서 거래되었다. 2018년

말 주가는 106.55달러, 배당률은 연 3.79%다.

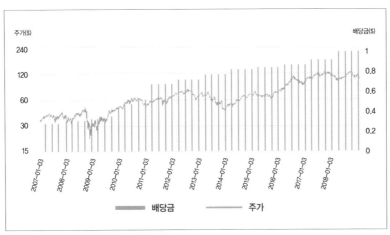

디지털 리얼티 배당금과 주가 추이(2007년~2018년)

주요 지표

· 2013년에 131개였던 데이터센터 수가 200여개로 늘어나면서 임대수입 기반(데이터센터)이 계속 확대되고 있으며, 매출 또한 증가세를 보이고 있다.

· 2018년도 매출은 전년 대비 23% 증가해 계속해서 좋은 흐름을 이어가고 있다.

· 계속 성장하는 회사임에도 부채비율은 119%다. 이 회사의 이자비용은 3.2억 달러(2017년)로 사업운영수익(FFO)의 1/4 수준이다. 이자비용이 문제가 되는 회사가 아니다.

■ 디지털 리얼티 연도별 주요 지표

(단위 : 억 달러)

구분	2015년	2016년	2017년	2018년
매출	17.6	21.4	24.6	30.5
당기순이익	2.17	3.32	1.73	2.50
사업운영수익(FFO) ◆	6.88	8.68	10.11	13.69
배당성향(FFO 기준)	80%	70%	71%	68%
부채비율	152%	138%	93%	119%

＊ 연차 보고서(10-K)를 기준으로 재구성

> 사업운영수익(FFO)의
> 성장속도가 매우 높다.

◆　　FFO : 디지털 리얼티와 같은 데이터센터 리츠회사도 다른 임대 리츠회사들과 마찬가지로 사업운영
수익(FFO)을 기준으로 사업실적을 판단한다. 사업운영수익(FFO) 관련 내용은 140쪽을 참고하자.

tip 주목할 만한 중형 데이터센터 리츠회사, 코어 사이트

코어 사이트(Core Site : COR)는 미국에서 21개 전산데이터 센터를 운영하는 중견 회사로 구글, IBM, 알리바바, 마이크로소프트 등 1,300여 고객사를 확보하고 있다. 은행권 차입을 통해 3천억원 규모의 데이터센터 4개를 신축하는 등 적극적으로 사업을 확장하고 있다. 매출과 FFO 모두 매년 20%씩 성장하고 있으며, 2019년 중에 신축 중인 데이터센터들이 전부 완공될 예정이다.

2010년 상장 이후 배당금을 매년 인상해 2010년에 0.13달러였던 정기배당금이 2018년에는 7.5배나 오른 1.10달러가 되었다. 2018년 주가는 87달러에서 117달러 사이에 거래됐으며, 2018년 말 주가는 87.23달러, 배당률은 연 5.04%다.

■ 코어 사이트 배당주 주요 지표

배당률	시가총액	배당성향 (배당금/FFO)	배당효율 (FFO/매출)
연 5.04% (2018년 12월 말 주가 87.23달러)	5조원	81%	44%

* 배당성향과 배당효율은 2018년 기준

아메리칸 타워
(American Tower)

04

회사 소개

미국의 리츠회사 유형은 매우 다양하다. 그중 이동통신사업자나 방송국을 대상으로 송신탑이나 안테나 기지국을 임대해 주는 리츠회사를 셀타워(Cell Tower) 리츠라고 부른다. 셀타워 리츠들은 시설물 단순 임대를 넘어 통신망과 관련된 기술회사 성격도 띠고 있다. 다른 리츠에 비해 진입장벽이 높은 업종이어서 기존 사업자들의 포지션이 단단하다.

아메리칸 타워는 1995년에 설립되어 2011년에 리츠회사로 전환했다. 시가 총액 80조원의 글로벌 기업으로 업계 1위 회사다. 5,000명의 임직원과 17만 개의 송신설비를 운영하며 미국, 남미, 인도, 유럽 등지에서 사업을 하고 있다. 2018년 매출은 8조원으로 전체 매출 중 해외 비중이 45% 내외다. 인도, 남미 등 신흥국의 경우 시설물 구축비용도 저렴하고 모바일 데이터 통신 수요도 꾸

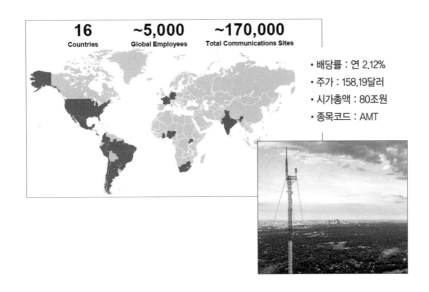

준히 증가하고 있어 지속적인 성장이 기대되는 회사다.

배당 히스토리 │ 3개월마다 배당금 인상, 배당금 인상률 연평균 20%!

· 2012년 리츠회사로 상장된 이후 매 3개월마다 배당금을 계속 인상하고 있다. 모바일 데이터 통신이 늘어나면서 매출과 이익이 계속 늘어나고 있기 때문이다.

· 연평균 배당금 인상률은 20%가 넘는다. 2018년에도 전년도에 비해 배당금을 22% 인상하였다.

· 이처럼 배당금 인상이 가능한 배경에는 사업모델의 성장성과 높은 마진율이 있다.

· 통신설비 임대사업은 하나의 통신설비를 여러 고객(통신사 등)에게 임대해

주기 때문에 마진율이 높은 사업이다.

· 2017년에 주가가 많이 상승했으며, 2018년 주가는 133달러에서 168달러 사이에서 거래되었다. 2018년 말 주가는 158.19달러, 배당률은 연 2.12%다.

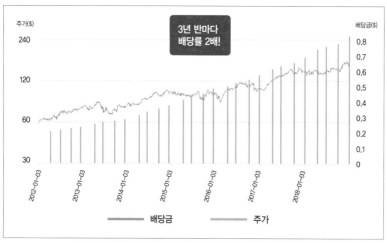

아메리칸 타워 배당금과 주가 추이(2012년~2018년)

주요 지표

· 지난 3년간 매출은 56%, 사업운영수익(FFO)은 86%나 증가하였다. 또한 미국의 모바일 데이터 사용량이 2023년까지 지금보다 4배 정도 증가할 것으로 예상되고 있어 사업환경은 매우 우호적이다(진입장벽도 높은 업종이다).

· 사업효율도 높은 편이어서 매출의 40% 이상이 사업운영수익(FFO)으로 전환되며, 배당성향도 40% 내외여서 배당의 안정성과 성장성이 높은 회사다.

· 부채비율은 378%로 높은 편이나 계속해서 성장하는 회사이므로 부채비율은 문제되지 않는다.

· 이 회사 이자비용은 8.3억 달러로 사업운영수익(FFO)의 1/4 수준이어서 이자비용 또한 문제되지 않는다.

■ 아메리칸 타워 연도별 주요 지표

(단위 : 억 달러)

구분	2015년	2016년	2017년	2018년
매출	47.7	57.9	66.6	74.4
당기순이익	5.95	8.49	11.5	12.3
사업운영수익(FFO)	17.3	21.9	27.0	32.1
배당성향	46%	45%	43%	42%
부채비율	301%	283%	318%	378%

* 연차 보고서(10-K)를 기준으로 재구성

배당성향이 낮아서
배당금의 안정성이 높다.

tip 업계 2위 크라운 캐슬 인터내셔널

크라운 캐슬 인터내셔널(Crown Castle International : CCI)은 아메리칸 타워에 이은 2위 업체(시가총액 50조원)로서 미국에서만 사업을 한다. 1994년에 설립되어 2014년에 리츠 회사로 전환하였다. 이 회사도 인수합병을 통해 몸집을 계속 불려나가고 있다. 통신설비 사업은 아메리칸 타워와 크라운 캐슬이라는 대형 회사 2곳이 버티고 있는 대규모 장치산 업이어서 후발주자가 끼어들기 어렵다.

크라운 캐슬 인터내셔널은 1년마다 배당금을 인상하고 있으며 2018년에는 전년도에 비해 9.8% 인상했다.

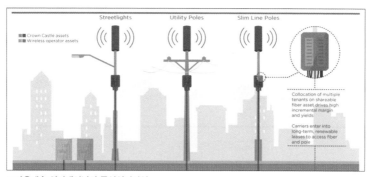

크라운캐슬 인터내셔널의 통신설비사업

■ **크라운 캐슬 인터내셔널 배당주 주요 지표**

배당률	시가총액	배당성향 (배당금/FFO)	배당효율 (FFO/매출)
연 4.66% (2018년 12월 말 주가 28.31달러)	50조원	92%	38%

아메리칸 타워에 비해 배당성향 높은 편

* 배당성향과 배당효율은 2018년 기준

192

05 아쿠아 아메리카
(Aqua America Inc.)

미국에서
2번째로 큰 상수도
공급업체
배당금
안정성 높다!

회사 소개

미국에서는 공기업뿐 아니라 민영기업들도 지방정부와 계약을 맺고 전기, 수도, 가스 등을 공급한다. 이런 유틸리티 기업들은 대표적인 규제산업에 속해서 사업면허, 요금인상, 생산설비 등 전 영역에서 정부규제를 받지만 매출이나 이익 흐름은 안정적이어서 배당금의 안정성이 높은 편이다(25년 이상 배당금을 연속해서 올린 130개 회사 중 16개 회사가 유틸리티 회사들이다).

생활용수 공급과 폐수처리 사업을 하는 아쿠아 아메리카의 모태 회사는 19세기 후반(1886년)부터 펜실베이니아주에서 생활용수 공급을 시작한 민영회사 (Water Utility Company)다. 지금은 8개 주에서 300만 가구를 대상으로 생활용수 공급과 폐수처리 사업을 하고 있으며 미국에서 2번째로 큰 민영 상수도 회사다(이익의 74%는 펜실베이니아에서 발생한다).

미국의 민영 생활용수 공급업체 중에는 한두 개의 소도시를 관할하는 중소회사들이 많은데, 대형 회사들이 이들을 인수하며 고객기반을 넓혀간다. 아쿠아 아메리카도 2016년 19개사, 2017년에 4개 회사를 인수한 데 이어 2018년에는 천연가스 공급업체인 피플즈(People's)를 인수하겠다고 밝히는 등 가스공급 사업에도 진출할 예정이다.

- 배당률 : 연 2.56%
- 주가 : 34.19달러
- 시가총액 : 7조원
- 종목코드 : WTR

미국에서 2번째로 큰 민영 상수도 회사 아쿠아 아메리카

배당 히스토리 | 26년 연속 배당금 인상, 정기배당금 매년 6~8% 인상

- 금융위기 시기를 포함해 26년째 배당금을 매년 인상하고 있으며 2010년 이후에는 연 6~8%씩 배당금을 인상하고 있다(아쿠아 아메리카는 다른 유틸리티 기업들보다 배당률이 높은 편이다. 51년째 배당금을 매년 올려주고 있는 캘리포니아 워터 서비스 그룹의 2010년 이후 배당금 인상률은 연 2%가 안 된다).

- 2008년 금융위기 당시 미국 주가지수(S&P500)가 큰 폭으로 하락하던 시점에 이 회사 주가도 함께 급락했다가 곧바로 반등하는 모습을 보여주었다. 유틸리티 기업들의 경기방어적 성격은 주가에서도 드러나는 편이다(많은 유틸리티 기업들이 비슷한 주가 흐름을 보여주었다).

- 이 회사 주가에서 눈여겨볼 부분은 2018년이다. 천연가스 공급업체를 인수하겠다고 밝히면서 주가가 많이 하락했다. 이는 예상 인수대금 3.3조 원(30억 달러) 중 70% 내외(22~25억 달러)를 신주 발행을 통해 조달할 계획이라는 데 따른 것이다. 주식수가 늘어난 만큼 이익이 늘지 않으면 배당금이 줄어들 우려가 있다.

- 2019년 중에 인수작업이 진행되는 동안 주가는 높은 변동성을 보일 수 있다. 이 회사가 1993년 이후 인수한 회사는 300개가 넘는다. 유틸리티 회사 중에는 이처럼 인수합병을 통해 고객들을 사모으는 회사들이 많다.

- 2018년 주가는 32.4달러에서 38.7달러 사이에서 거래됐다. 2018년 말 주가는 34.19달러, 배당률은 연 2.56%다.

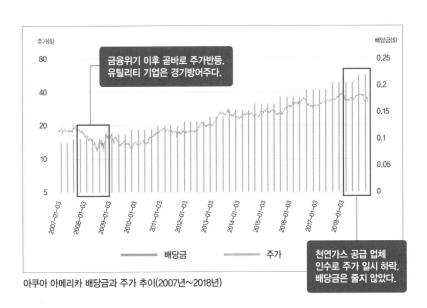

아쿠아 아메리카 배당금과 주가 추이(2007년~2018년)

주요 지표

· 매출과 영업이익은 둘 다 안정적인 흐름을 보여주고 있다.

· 2018년 당기순이익이 줄어든 이유는 조인트 벤처의 투자손실과 세금 증가 등에 기인한다.

· 가스업체 인수 작업이 2019년 중에 마무리되면 회사 수익구조는 수도사업 70%, 가스사업 30%로 재편된다. 유틸리티 회사들은 사업기반이 안정적이므로 인수합병 과정에서 수익의 변동성이 다소 있더라도 현재의 배당패턴은 계속 이어나갈 것이다.

■ **아쿠아 아메리카 연도별 주요 지표**

(단위 : 백만 달러)

구분	2015년	2016년	2017년	2018년
매출	814.2	819.9	809.5	838.1
영업이익	322.7	333.3	333.9	323.2
당기순이익	201.8	234.2	239.7	192.0
배당성향	60%	56%	59%	78%
부채비율	241%	241%	229%	251%

사업구조 확대개편 과정에서 배당성향이 다소 높아졌지만 사업기반은 안정적!

* 연차 보고서(10-K)를 기준으로 재구성

생활용수 공급업체 중 가장 큰 기업은 아메리칸 워터 웍스(American Water Works : AWK)다. 이 회사는 19세기 후반부터 사업을 시작했으며 16개 주에서 생활용수 공급을 하고 있다. 매출 증가율과 배당률 인상폭(연평균 10%)이 큰 편이어서 주가도 많이 올랐다. 2018년 들어 이 회사 주가는 76달러에서 95달러 사이에서 거래됐으며, 2018년 말 주가는 90.77달러, 배당률은 2.01%다.

■ **아메리칸 워터 웍스 배당주 주요 지표**

배당률	시가총액	배당성향 (배당금/당기순이익)
연 2.01% (2018년 12월 말 주가 90.77달러)	17조원	56%

배당금 인상률
연평균 10%

06

일리노이 툴 웍스
(Illinois Tool Works)

영업이익률 계속
높아지고 있는 회사
44년째 배당금
연속 인상!

회사 소개

장비생산을 하는 수출기업들은 글로벌 경기에 민감한 편이다. 그러나 뛰어난 경영능력으로 배당금을 수십 년간 올려온 기업들도 있다.

일리노이 툴 웍스는 자동차 OEM 생산, 산업용 장비, 공구 등을 생산하는 회사(Machinery)다. 57개국에 5만 명의 임직원을 두고 있는 글로벌 복합기업으로 44년째 배당금을 계속 인상하고 있다.

과거에는 M&A를 통한 성장에 주력했으나 2013년부터는 자체 성장에 집중하고 있다. 이 회사의 경영전략은 80:20이라는 수치로 표현되는데, 회사 수익의 80%를 창출하는 데 기여한 20%의 제품에 주력한다는 것이다.

이 회사 사업부문은 크게 7개 부문으로 나뉜다. 가장 큰 비중을 차지하는 부문은 자동차 부품과 OEM 생산(32%)이며, 검사측량장비(24%), 식당용 조리기

구(14%) 등이 그 뒤를 따른다. 회사 수익의 50%는 유럽과 아시아 지역에서 발생하고 있다.

회사 실적이나 주가는 세계 경기나 무역전쟁 등의 영향을 받게 마련이다. 그러나 이 회사는 불확실한 사업환경을 영업효율 증대로 대응해 나가고 있다.

- 배당률 : 연 3.16%
- 주가 : 126.69달러
- 시가총액 : 50조원
- 종목코드 : ITW

이익과 배당금 모두 오른 글로벌 기업 일리노이 툴 웍스

배당 히스토리 | 배당금 인상률 높은 편, 4년 만에 배당금 106% 상승

- 배당금 인상률이 높은 편으로, 2015년 초에 0.485달러였던 정기배당금이 2018년에 1.0달러가 되었다. 4년 만에 106% 상승한 것이다. 2015년 초에 94달러에 사두었다면 지금 배당률은 연 4.3%가 된다(주가수익은 25%이다).

- 2018년 들어 주가는 30% 이상 하락(180달러→120달러)하는 모습을 보여주었다. 미국 주식시장이 전반적으로 조정을 받는 상황에서 중국과의 무역전쟁 이슈, 매출 둔화 등이 겹쳤기 때문이다.

- 그러나 영업이익률 증대로 대응하면서 2018년에도 정기배당금을 28% 인상하였다(0.78달러→1달러).

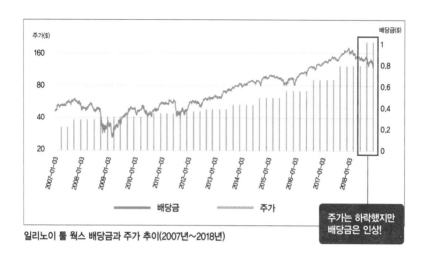

일리노이 툴 웍스 배당금과 주가 추이(2007년~2018년)

주요 지표

- 영업이익률 증가가 눈에 띄는 회사다. 2012년에 16%였던 영업이익률이 2018년에는 25%로 올랐다(한국은행에서 조사한 우리나라 제조업(외부감사 대상)의 2017년 평균 영업이익률은 8.4%다).
- 2017년의 경우 영업이익이 10% 이상 증가했으나 당기순이익은 오히려 17% 감소했다. 영업이익은 증가했는데 당기순이익이 감소했다면 일회성 요인(비용)을 살펴봐야 한다. 2017년에 당기순이익이 감소한 이유는 개정 세법의 영향으로 법인세 비용이 증가(7억 달러)했기 때문이다.
- 이 회사는 공식적으로 배당성향을 40% 내외에서 50% 내외로 인상하기로 했다. 자사주 매입을 통해 주식수를 줄인 결과다.
- 이자비용은 2.57억 달러로 영업이익의 7%에 불과해 부채비율 증가는 문제되지 않는 상황이다.

■ 일리노이 툴 웍스 연도별 주요 지표

(단위 : 억 달러)

구분	2015년	2016년	2017년	2018년
매출	134.1	136.0	143.1	147.7
영업이익	28.7	30.6	34.0	35.8
당기순이익	19.0	20.4	16.9	25.6
배당성향	39%	40%	56%	44%
부채비율	201%	257%	266%	356%

영업이익률이
높은 회사!

• 연차 보고서(10-K)를 기준으로 재구성

tip 영업이익과 영업이익률

당기순이익에는 일회성 요인이나 본연의 사업과 관련없는 이익들도 포함되지만 영업이익(Operating Profit)은 회사의 생산활동과 판매활동에 관련된 이익만이 반영되므로 회사 본연의 경쟁력을 보여주는 이익이라고 할 수 있다.

영업이익률(Operating Profit Margin)은 매출액 중에서 영업이익이 차지하는 비중을 나타낸다. 100억원의 매출을 올린 회사에서 20억원의 영업이익이 발생했다면 영업이익률은 20%가 된다. 생산활동과 경영활동이 매우 효율적인 회사들은 영업이익률이 높다.

07 맥코믹
(McCormick & Company, Inc.)

회사 소개

2018년을 화려하게 마무리한 기업이다. 2018년 미국 주가지수(S&P500)는 7% 하락 마감했지만, 맥코믹 주가는 38% 상승했으며 배당금도 10%나 인상했다.

1889년에 설립된 맥코믹은 32년째 배당금을 연속해서 올리고 있는 글로벌 식품회사다. 머스터드, 핫소스, 케첩, 향신료 등 1만 6천개의 제품을 전세계 150여 국가에 판매하고 있다(해외판매 비중은 40%다).

이 회사는 매년 다른 식품기업들을 인수하면서 브랜드 라인업을 확장해 가고 있다. 2015년 이후 7개 기업을 인수했고, 2017년에는 소스 생산 브랜드(RB Foods)를 4.6조원에 인수했다. 2017년에 알비푸즈(RB Foods) 인수가 마무리되자, 2018년 초 도이치뱅크 애널리스트는 맥코믹 주식에 대해 강력 매도 의견을 냈다. 하지만 2018년 주가는 역사적 최고가를 기록했다.

- 배당률 : 연 1.64%
- 주가 : 139.24달러
- 시가총액 : 21조원
- 종목코드 : MKC

배당 히스토리 | 탄탄한 실적, 연평균 9% 배당금 인상

- 이 회사는 금융위기 전후인 2007년, 2008년, 2009년 모두 당기순이익이 매년 증가했다. 브랜드 경쟁력과 유통망이 탄탄한 식품회사들은 경기가 안 좋아지더라도 쉽게 실적이 꺾이지 않는다.
- 탄탄한 실적을 바탕으로 금융위기 상황에서도 빠른 주가 회복력을 보여주었다. 2010년 하반기에 예전 주가를 회복한 후 높은 상승세를 보여주고 있다.
- 최근 3년간 배당금 인상률은 연평균 9%다. 다른 식품 브랜드를 인수하면서 매출과 영업이익률이 계속 높아졌기 때문이다. 식품회사는 영업이익률이 낮은 편인데 이 회사는 신규 브랜드 인수와 사업효율 증대를 통해 이익률을 높여나가고 있다.
- 2018년 들어 주가는 99달러에서 156달러 사이에서 거래되었다. 2018년 말 주가는 139.24달러, 배당률은 1.64%다.

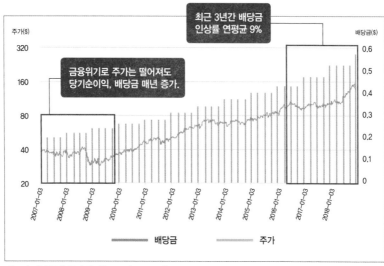

최근 3년간 배당금
인상률 연평균 9%

금융위기로 주가는 떨어져도
당기순이익, 배당금 매년 증가.

배당금 주가

맥코믹 배당금과 주가 추이(2007년~2018년)

주요 지표

· 2015년의 실적 부진은 위안화 평가절하와 중국 매출 부진 등에 기인한
다. 하지만 2016년에 곧바로 회복하였다.

· 새로 인수한 알비푸즈(RB Foods)로 인해 2018년 매출과 영업이익은 전
년도에 비해 각각 12%, 29% 증가하였다. 2018년 주가가 역사적 최고
가를 기록한 이유다.

· 2017년 들어 부채비율이 304%까지 늘었다. 알비푸즈(RB Foods)를 인수하
면서 4조원(37억 달러)의 부채가 늘었기 때문이다. 그러나 영업실적이 계속
성장하는 추세이므로 부채비율 증가를 걱정할 회사는 아니다.

■ 맥코믹 연도별 주요 지표

(단위 : 억 달러)

구분	2015년	2016년	2017년	2018년
매출	43.0	44.1	48.3	54.1
영업이익	5.48	6.41	7.02	9.03
당기순이익	4.02	4.72	4.77	9.33
배당성향	51%	46%	50%	29%
부채비율	165%	183%	304%	222%

* 연차 보고서(10-K)를 기준으로 재구성

 tip 부채가 늘어난 기업은 이자보상비율을 확인하자

주주들에 대한 배당금 지급보다는 대출이자 상환이 우선이니만큼 부채가 많이 늘어난 기업은 이자보상비율 지표를 통해 이자상환 능력을 살펴볼 필요가 있다.

이자보상비율이란 이자비용의 몇 배만큼 영업이익을 올리고 있는지를 보여주는 지표로 이자비용이 100억원, 영업이익이 300억원이라면 이자보상비율은 3(300/100)이 된다. 이자비용의 3배만큼 영업이익을 올리고 있다는 뜻이다. (이자보상비율이 1보다 적은 기업은 이자비용을 충당할 만큼 영업이익을 못 내고 있는 것이다. 이런 기업들을 보통 한계기업이라고 한다.)

$$이자보상비율 = \frac{영업이익}{이자비용}$$

맥코믹의 경우 인수자금 마련을 위해 부채가 늘어나면서 이자보상비율이 11.2배(2016년)에서 5.4배로(2018년)로 급격히 낮아졌지만, 이자비용을 걱정할 기업은 전혀 아니다. 참고로 우리나라 식품기업인 CJ제일제당의 2017년 이자보상비율은 3.8배이며, 대상(청정원)의 이자보상비율은 3.3배다.

공격적
투자자를 위한
고배당주
BEST 7

미국 배당주 투자지도

원룸이나 상가 투자보다 고배당주 투자!

골치 아픈 부동산보다 분산투자 가능한 고배당주가 낫다

원룸이나 상가점포와 같은 수익형 부동산은 임대가 안 나가거나 주변에 신축 건물이 들어서기 시작하면 그야말로 대책이 없다. 대출까지 받아서 투자했다면 은행 이자는 이자대로 나가면서 처분도 어려우니 얼마나 갑갑한 노릇인가. 하지만 고배당주는 여러 종목에 소액투자를 할 수도 있고 처분이 용이해서 투자금 회수도 손쉽다. 또한 연 10% 내외의 배당률도 충분히 확보할 수 있으므로 임대수익보다 매력적이다. 한번에 목돈이 들어가는 수익형 부동산 투자보다 고배당주 투자가 훨씬 안정적일 수 있다.

고배당주는 원금 회수기간이 빠르다

고배당주들은 주가가 하락해도 배당금 형태로 원금을 정기적으로 회수할 수 있다. 원금이 전부 회수된 이후라면 주식계좌의 투자원금과 앞으로 들어올 배당금은 전부 잉여수익이 된다. 배당률이 연 10%라면 배당금만으로 원금을 전부 회수하는 데 12년이 걸린다. 연 20%라면(운이 좋아야 하겠지만) 6년이면 전액 회수할 수 있다. 배당금으로 받은 돈을 다른 곳에 투자해서 수익을 내고 있다면 회수기간은 더 줄어든다.

매력적인 투자기회가 많다

고배당주들은 회사 이익의 90% 이상을 배당하는 종목이어서 주가 상승에 한계가 있다. 또한 회사 실적이 나빠지면 배당금이 줄어들 수 있다. 따라서 고배당주 투자에서는 종목 자체도 중요하지만 투자시점(매수가격과 배당률)도 중요하다. 단번에 거액을 투자하기보다 여러 종목에 소액으로 투자하면서 꾸준히 지켜보자. 고배당주는 매력적인 투자기회가 많은 종목이다.

부동산 임대수익

연 4%?

미국 고배당주 배당수익

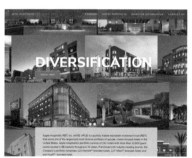

연 10%!

고배당주
투자를 위한
입문용 주식!
배당률
연 10.01%

아레스 캐피털
(Ares Capital)

01

회사 소개

아레스 캐피털을 알게 되면 동일 업종의 50여개 회사들로 투자지평을 넓힐 수 있다. 이들 회사는 사업내용이 단순하고 배당률도 매력적이어서 좋은 투자 기회를 많이 주는 종목들이다(이중 10~15개 내외가 투자할 만한 종목들이다).

아레스 캐피털은 성장단계에 있는 벤처기업이나 중소기업을 대상으로 대출사업을 한다. 아레스 캐피털과 같은 회사들을 미국 금융업법에서는 BDC(Business Development Company)라고 한다. 직역하면 사업개발 회사라고 할 수 있는데 일종의 캐피털 회사(여신전문 금융회사)와 같다.

BDC는 신생기업이나 중소기업의 자금조달 루트를 넓혀주기 위해 1980년대에 만들어진 금융업종◆으로 이익의 90% 이상을 배당하는 조건으로 법인세가 면제된다. 회사 형태는 크게 2가지로, 펀드처럼 운영되는 회사와 임직원을 고용해 일반 회사처럼 운영되는 회사로 구분된다(배당만 잘 주면 되므로 굳이 구분할 필요는 없다). 아레스 캐피털은 펀드처럼 운영되는 회사로서 실제 사업(투자)은 관계사인 아레스 자산운용에서 담당하고 있다. 아레스 자산운용은 대출자산과 채권투자에 특화된 자산운용사로서 우리나라 공무원연금공단의 해외자산 위탁운용사이기도 하다.

우리나라 공무원연금공단의 해외자산 위탁운용사인 아레스 캐피털

2004년에 설립된 아레스 캐피털은 BDC업계의 대표적인 회사로 대출자산 12조원, 당기순이익은 9천억원이 넘는다.

대출방식은 주로 담보대출과 변동금리 대출이어서 대출의 안정성이 높다. 전체 대출의 80%가 담보대출이며, 대출액 중 93%는 변동금리 대출이어서 시중금리가 올라가면 이자수입이 늘어나는 구조다(BDC 회사들의 대출방식과 대출구조는 대부분 비슷하다).

◆　　법인세가 면제되는 조건으로 BDC에는 여러 가지 규제가 부과된다. 회사의 안정성을 규제하기 위해서 부채비율(부채/자기자본)을 200%로 제한하고 있으며, 회사 자산의 70% 이상을 적격기업(Eligible portfolio company)에 대출하도록 규정하고 있다. 적격기업을 본문에서는 편의상 중소기업이라고 했지만, 규정에 따르면 비상장기업이거나 시가총액 2.5억 달러 이내인 상장기업을 말한다.

이 회사가 주로 대출해 주는 회사들은 영업이익 1억 달러(1,100억원) 이내인 기업들이다. 25개가 넘는 업종의 342개 기업에 분산해서 대출하고 있으며 평균 대출금리는 10.3%다(사업보고서를 통해 대출회사 명단과 대출조건(금리 등), 부실 대출 규모 등을 누구나 확인할 수 있도록 전부 공개하고 있다).

아레스 캐피털은 대출기업의 상환능력을 4개 등급으로 나누어 관리하고 있는데 낮은 등급인 하위 2개 등급의 대출액 비중이 5.5%로 매우 낮다. 가장 높았을 때는 2008년의 11.6%였다.

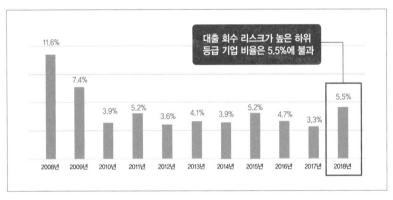

아레스 캐피털 하위 2개 등급 대출액 비중

배당 히스토리 | 2018년 하반기에 정기배당금 인상

· 금융위기 이후인 2009년에 배당금을 17% 줄였다. 당시 70~80%씩 배당금을 줄인 대형 은행들도 많았으니 그에 비하면 낮은 편이다.
· 2012년 하반기부터 0.38달러의 배당금을 유지하다가 2018년 하반기에 0.39달러로 인상하였다. 실적이 계속 좋아지고 있기 때문이다.

- 이 회사는 자금을 빌릴 때는 고정금리(100%)로 빌리고, 대출을 해줄 때는 변동금리(93%)로 빌려주고 있다. 금리가 인상되면 이자수입이 느는 구조여서 기준금리 인상 이슈에도 주가는 크게 영향을 받지 않는다(2013년 하반기에 기준금리 인상 가능성이 처음 제기되면서 대부분의 리츠회사는 주가가 급락했지만 이 회사 주가는 그렇지 않았다).
- 금융위기 시기에 20달러였던 주가가 3달러까지 떨어진 적이 있다. 그 이후 주가는 14달러에서 18달러 내외에서 거래되고 있다. 주가의 변동성이 낮은 편이다.
- 2018년 주가는 14.7달러에서 17.6달러 사이에서 거래되었다. 2018년 말 주가는 15.58달러, 배당률은 연 10.01%다.

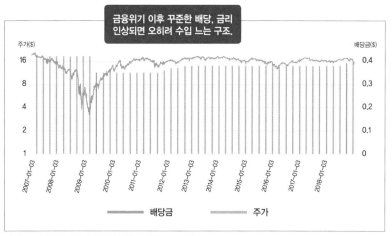

아레스 캐피털 배당금과 주가 추이(2007년~2018년)

주요 지표

- 매출과 이익이 꾸준히 늘고 있다. 매출에 해당하는 지표는 총투자수익 (Total Investment Income)으로, 대출이자 수입과 대출수수료(미국에서는 대출수수료를 받는다) 등으로 구성되어 있다.

- 배당금의 안정성은 순투자수익(Net Investment Income)으로 판단한다. 순투자수익이란 총투자수익에서 일회성 요인, 실현/미실현 손익, 이자비용, 운영경비 등을 걷어낸 수익을 말한다.

- 순투자수익이 크게 감소하지 않는 한 배당금이 유지될 가능성이 높다(배당성향도 순투자수익을 기준으로 살펴본다. 순투자수익은 가장 보수적으로 판단하는 수익이어서 순투자수익을 기준으로 한 배당성향은 100%가 넘는 경우도 종종 있다).

- 2018년 매출과 순투자수익은 전년도에 비해 각각 15%, 75% 늘어났다.

- 정기배당금이 6년 만에 인상(+0.1달러)되고 특별 배당금(0.2달러)까지 지급되면서 2018년엔 전년도에 비해 배당금이 8% 인상되었다.

- 이 회사는 고정금리로만 자금을 차입하고 있으며 부채비율도 77%여서 금리가 인상되더라도 이자비용에 큰 부담은 없다. 시중금리가 늘어나면 대출수입이 느는 구조여서 금리인상은 회사 수익에 도움이 된다.

■ 아레스 캐피털 연도별 주요 지표

(단위 : 백만 달러)

구분	2015년	2016년	2017년	2018년
매출 (Total Investment Income)	1,025	1,012	1,160	1,337
순투자수익 (Net Investment Income)	508	494	511	694
당기순이익	379	474	667	858
배당성향 (배당금/순투자수익)	96%	97%	126%	95%
부채비율	84%	79%	74%	77%

감소하지 않는 한
배당금 유지 가능성 ↑

* 연차 보고서(10-K)를 기준으로 재구성

벤처기업 대출에
주력하는 BDC
배당률 연 11.22%

02 허큘리스 캐피털
(Hercules Capital)

회사 소개

2003년에 설립된 BDC 회사다(BDC 회사 관련 자세한 내용은 210쪽 참고). 이 회사는 67명의 임직원을 고용해 자체적으로 운영하며, 대출자산 1.8조원, 당기순이익 800억원 규모의 중견회사다.

사업 대상은 벤처캐피털이나 사모펀드들이 주로 투자하고 있는 생명공학 기업이나 소프트웨어 등 IT 기업들이다. 이들 기업에 대한 자금 제공은 주로 대출로 이루어지나 대출액의 10% 정도에 해당하는 금액은 주식이나 주식워런트(주식으로 교환될 수 있는 채권) 매입 형태로도 제공하고 있다. 또한 이 회사는 해외 기업(주로 영국)을 대상으로도 대출사업을 하면서 사업범위를 확대하고 있다(미국 매출 91%, 해외 매출 9%). 이처럼 일부 BDC들은 주식투자나 해외기업 투자를 하는 경우도 있다.

• 배당률 : 연 11.22%
• 주가 : 11.05달러
• 시가총액 : 1.2조원
• 종목코드 : HTGC

사업범위 확대해 성장하는 허큘리스 캐피털

이 회사의 평균 대출금리는 13.5%(대출수수료를 포함한 실효금리)이며, 변동금리 대출 비중이 97%에 달하고, 담보대출 비중은 84.4%다.

이 회사는 5개 등급으로 대출기업들의 상환능력을 평가한다. 이중 하위 2개 등급의 비중이 가장 높았던 때는 2009년으로 15.2%(대출액 기준)였는데 다음 해인 2010년에 배당금이 33% 줄어들었다. 2018년 3분기 말 하위 2개 등급 비중은 3.8%다.

배당 히스토리 | 배당률 11%, 2014년 이후 정기배당금 유지

· 금융위기 여파로 부실대출 규모가 늘면서 2010년에 배당금을 33% 줄인 적이 있다. 하지만 다시 조금씩 인상하면서 2014년 이후부터 지금까지 0.31달러의 정기배당금을 계속 유지하고 있다(2018년 11월에 특별배당금으로 0.2달러를 지급했다).

· 금융위기로 인해 15달러였던 주가가 4달러까지 하락하기도 했다. 당시 4달러에 사두었다면 그 당시 배당률도 연 20%가 넘는다.

· 2018년 주가는 10.6달러에서 13.6달러 사이에서 거래되었다. 2018년 말

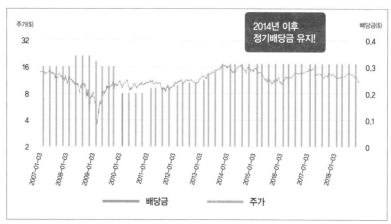

허큘리스 캐피털 배당금과 주가 추이(2007년~2018년)

주가는 11.05달러, 배당률은 연 11.22%다.

주요 지표

· 여신관리를 강화하면서 부실대출(대출상환이 안 되는 자산) 비중이 2017년
0.9%에서 2018년 3분기에 0.2%로 줄어들었다.

· 이 회사도 대부분의 대출을 변동금리로 해주고 있어 시중금리가 높아
지면 이자수입이 늘어나는 구조다. 회사 자체 추산에 따르면 이자율이
0.25% 인상되면 순투자수익이 430만 달러(1주당 +0.04달러)로 늘어나는 구
조다. 이자율이 인상되면 배당여력이 좋아진다.

· 이 회사의 총투자수익과 순투자수익은 2018년에도 견조한 흐름을 보여
주며 전년도에 비해 각각 9%, 14% 증가하였다. 2018년에 0.2달러의 특
별배당을 실시한 배경이다.

■ 허큘리스 캐피털 연도별 주요 지표

순투자수익 증가 추세

(단위 : 백만 달러)

구분	2015년	2016년	2017년	2018년
매출 (Total Investment Income)	157	175	191	208
순투자수익 (Net Investment Income)	74	100	96	109
당기순이익	41	67	78	76
배당성향	108%	91%	105%	104%
부채비율	100%	117%	103%	104%

* 연차 보고서(10-K)를 기준으로 재구성

---

tip BDC 회사 투자정보를 볼 수 있는 미국 사이트, BDC 인베스터

별도 회원가입 없이도 BDC 종목들에 대한 배당률, 재무정보, 주가정보 등을 손쉽게 조회할 수 있는 BDC 인베스터(Investor)라는 사이트가 있다. 아래는 BDC 인베스터 (bdcinvestor.com)에서 제공하는 허큘리스 캐피털에 대한 정보들이다. 배당 히스토리부터 주가 시뮬레이션, 주요 재무 지표 등 대부분의 투자정보를 조회할 수 있다. BDC 회사 관련 자세한 내용은 210쪽을 참고하자.

BDC Investor의 BDC 회사 투자정보

경기에 덜 민감한
헬스케어 리츠회사
배당률 연 7.51%

03 오메가 헬스케어
(Omega Healthcare)

회사 소개

실버타운, 병의원, 요양시설 임대사업을 하는 회사들을 헬스케어 리츠 (Healthcare REITs)라고 한다. 사람이 나이 들고 몸이 아픈 건 경기를 타지 않아서 이들 회사의 배당금은 경기와 상관없이 꾸준하게 지급되는 편이다. 분산투자 차원에서 헬스케어 리츠에도 투자해 두면 경기 침체기에도 배당금의 안정성을 높일 수 있다(헬스케어 리츠의 경우 배당금 감소는 부실경영이나 인수합병 등 회사 고유 요인에 더 큰 영향을 받는다).

오메가 헬스케어는 900여개가 넘는 전문요양시설◆에서 92,000여 병상을

◆　　**전문요양시설(Skilled Nursing Facilities)**：우리나라의 요양병원과 비슷한 시설로 고령자나 재활치료가 필요한 사람들이 거주하며 치료를 받는 시설이다.

운영하고 있다. 전문요양시설은 건강보험이 적용되는 까닭에 건강보험 급여가 오메가 헬스케어 수입의 80% 이상을 차지한다. 수입기반의 대부분이 건강보험 급여여서 사업구조가 안정적이나 정부정책에 따라 수입기반에 큰 영향을 받을 수 있다.

- 배당률 : 연 7.51%
- 주가 : 35.15달러
- 시가총액 : 8.2조원
- 종목코드 : OHI

병원, 요양시설 임대업하는 오메가 헬스케어

배당 히스토리 | 16년째 배당금 연속 인상

- 금융위기 전후를 포함해 16년째 연속 배당금을 매년 올려주고 있다. 다른 대형 헬스케어 리츠회사들의 배당패턴도 이와 비슷하다.
- 금융위기 전후의 주가 흐름은 다른 헬스케어 리츠들과 비슷하다. 금융위기로 인해 주가가 급락했지만 2010년에 예전 주가를 회복했다(헬스케어 종목들은 주가 회복력이 좋은 편이다).
- 2013년 이후의 주가 상승 배경에는 오바마케어◆가 있다. 의료보험 시스

◆　　**오바마케어** : 버락 오바마 대통령이 주도한 의료보험 시스템 개혁 법안으로 전 국민의 건강보험 가입 의무화를 골자로 하고 있다. 저소득층 무보험자의 의료비 부담을 줄여주기 위한 개혁안이다.

템 개혁 법안이 통과되면서 사업전망에 대한 기대감이 높아졌기 때문이다. 트럼프 정부에서 오바마케어에 대해 부정적 입장을 밝히면서 주가가 하락하는 모습을 보이고 있지만 이 회사 매출은 견조한 흐름을 이어가고 있다.

· 3개월에서 6개월마다 배당금을 올려주던 회사였으나 2018년 들어 배당금을 동결 중이다. 2017년 실적이 부진했기 때문이다.

· 2018년 주가는 25.4달러에서 38.2달러에 거래됐으며 2018년 말 주가는 35.15달러, 배당률은 연 7.51%다.

오메가 헬스케어 배당금과 주가 추이(2007년~2018년)

주요 지표

· 매출은 계속 늘고 있으나 2017년 사업운영수익(FFO)은 전년 대비 33%나 감소했다. 전문요양시설 48곳을 임차해 운영해 온 위탁업체가 부실해졌

기 때문이다.

· 해당 시설에 대한 위탁업체 교체작업이 진행되면서 2018년 실적은 다시 회복하고 있다. 2018년 사업운영수익은 5.87억 달러로 전년 대비 32% 증가하였다.

· 이 회사의 사업효율은 상당히 높은 편으로, 매출 중 70% 내외가 배당가능 재원인 사업운영수익(FFO)으로 전환된다(2017년은 49%).

· 70~80% 내외의 배당성향을 보이면서 배당금을 3~6개월마다 올려주던 회사다. 일시적인 실적부진으로 배당성향이 높아졌으나 부실 이슈가 해소돼 가는 과정이므로 배당금이 줄어들 가능성은 없다.

■ **오메가 헬스케어 연도별 주요 지표**　　　　　　　　　　　(단위 : 억 달러)

구분	2015년	2016년	2017년	2018년
매출	7.43	9.01	9.08	8.81
당기순이익	2.25	3.66	1.00	2.81
사업운영수익(FFO)	4.55	6.60	4.44	5.87
배당성향(FFO 기준)	81%	72%	113%	90%
부채비율	95%	112%	126%	116%

* 연차 보고서(10-K)를 기준으로 재구성

헬스케어 리츠의 사업분야는 크게 4가지로 나뉜다. ① 실버타운, ② 종합병원이나 외래병원들이 모여 있는 메디컬 오피스, ③ 전문요양시설(Skilled Nursing Facilities), ④ 생명공학 기업을 대상으로 한 오피스 빌딩과 연구시설 임대 등이다. 따라서 같은 헬스케어 리츠 회사라도 주력 분야에 따라 사업내용과 수익구조에는 큰 차이가 있다. 한국 투자자들에게도 널리 알려진 웰타워(Welltower, 배당률 5.0%)는 실버타운 사업 비중(66%)이 높고, 에이치씨피(HCP : 배당률 5.3%)는 실버타운 사업 비중(33%)은 낮은 반면 메디컬 오피스와 오피스 빌딩 임대 비중이 높다. 반면, 오메가 헬스케어는 전문요양시설 임대사업에만 주력하고 있다.

실버타운 사업 비중↑
배당률 5%

* 출처 : welltower

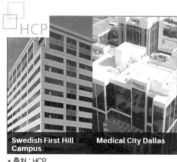

메디컬 오피스 사업 비중↑
배당률 5.3%

Swedish First Hill Campus   Medical City Dallas

* 출처 : HCP

애플 호스피탈리티
(Apple Hospitality REIT, Inc.)

04

회사 소개

호텔이나 리조트를 임대해 주는 회사들을 호텔 리츠(Hotel REITs)라고 한다. 이들이 소유한 건물은 힐튼이나 메리어트 같은 호텔 사업자들이 운영한다. 호텔 사업은 성장산업이 아니어서 호텔 리츠에서는 주가수익을 기대하기 어렵다. 또한 경기민감도가 높아 경제 침체기에는 배당금이 큰 폭으로 감소할 가능성이 높다(많은 호텔 리츠들이 실제로 그랬다). 배당의 안정성과 수익성에서 볼 때 다른 고배당주 유형에 비해 매력도가 낮은 업종이지만 이 가운데도 배당의 안정성과 회사의 성장성이 기대되는 회사들이 있으니 분산투자 관점에서 활용할 수 있을 것이다.

애플 호스피탈리티(아이폰의 애플과는 상관없는 회사다)는 도심지에서 비즈니스 호텔과 관광호텔 임대사업을 한다. 호텔 등급으로는 3등급(Upscale 등급)에 해당하는 중상급 호텔(241개)을 운영하고 있으며 대부분의 호텔은 메리어트 호텔과 힐튼 호텔로 구성되어 있다(5:5 비중이다).

- 배당률 : 연 8.42%
- 주가 : 14.26달러
- 시가총액 : 3.5조원
- 종목코드 : APLE

성장산업 아니지만 투자매력 높은 애플 호스피탈리티

애플 호스피탈리티는 신규 호텔을 꾸준히 늘려가면서 수익기반을 넓혀가고 있다. 부채비율도 40% 내외로 안정적이고 차입금의 83%가 고정금리 대출(평균 금리 3.68%, 평균 만기 5.5년)이어서 금리 상승기에도 이자비용 부담이 적다. 다른 호텔 리츠에 비해 투자매력이 있는 기업이다.

배당 히스토리 | 한 달마다 배당금 지급

· 2014년에 두 개 회사와 합병한 후 2015년에 상장되었다. 호텔 리츠 중 3번째로 큰 회사로서 상장 이후 지금까지 한 달마다 0.1달러를 배당하고 있다.

· 주가 변동성이 낮은 종목이지만 2018년 하반기에 주가가 많이 하락하는 모습을 보여주었다. 플로리다를 강타한 허리케인으로 인해 2개 호텔 등

에 손상을 입었기 때문이다.

· 2018년 들어 주가는 13.9달러에서 20.1달러 사이에 거래됐으며, 2018년 말 주가는 14.26달러, 배당률은 연 8.42%다.

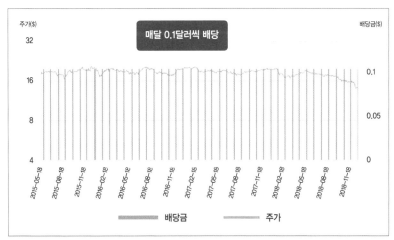

애플 호스피탈리티 배당금과 주가 추이(2015년~2018년)

주요 지표

· 사업성이 떨어지는 호텔을 매각하고 신규 호텔을 취득하면서 호텔수를 계속 늘려가고 있다. 2015년에 179개였던 호텔이 241개로 늘어났다.

· 2018년의 객실 점유율은 76.9%로서 전년도의 77.4%에 비해 떨어졌지만 객실 당 수입은 소폭 상승하였다(104.13달러 → 104.66달러).

· 이 회사는 다른 대형 호텔 리츠에 비해서 사업효율이 높은 축으로, 매출 중 31%가 사업운영수익(FFO)으로 전환된다. 참고로 호텔 리츠 중 제일 규모가 큰 회사(Host Hotel & Resorts)는 매출 대비 사업운영수익(FFO) 비중이

20% 초반에 불과하다.

· 배당성향이 70% 내외인데다 부채비율이 낮고 경영효율은 높은 회사여서
배당의 안정성이 높은 편이다.

■ **애플 호스피탈리티 연도별 주요 지표**

(단위 : 백만 달러)

구분	2015년	2016년	2017년	2018년
매출	898	1,041	1,239	1,271
당기순이익	117	145	182	206
사업운영수익(FFO)	276	298	388	392
배당성향(FFO 기준)	83%	77%	69%	70%
부채비율	41%	42%	38%	45%

호텔수 증가로 사업운영
수익(FFO) 성장

* 연차 보고서(10-K)를 기준으로 재구성

tip 미국 호텔 6등급 분류법

호텔 리츠들이 운영하는 호텔은 아래와 같이 6등급으로 구분한다. 대부분의 중대형 호텔
리츠들은 상위 등급인 'Luxury'와 'Upper Scale' 등급을 주로 운영한다. 애플 호스피탈리
티는 그다음 등급인 'Upscale' 등급 호텔에 주력하는 회사로서 우리나라의 도심지 비즈
니스 호텔을 떠올리면 된다.

Luxury 〉 Upper Upscale 〉 Upscale 〉 Upper Midscale 〉 Midscale 〉 Economy

애널리 캐피털 매니지먼트
(Annaly Capital Management)

05

리츠회사 중에 배당률이 연 10% 내외를 넘나드는 고배당 회사들이 있다. 이들 회사는 대부분 부동산 임대사업이 아닌 담보대출 사업을 하는 회사들이다. 낮은 금리로 자금을 빌려서 높은 금리로 부동산 담보대출을 해주는 회사들로 '모기지 리츠(Mortgage REITs)'라고 한다. 배당률이 높은 업종이기는 하나 회사 실적과 배당금의 안정감이 낮아서 많은 금액을 한번에 투자할 종목은 아니다.

모기지 리츠의 사업내용은 회사별로 차이가 크다. 이 책에서는 사업내용이 전혀 다른 3가지 유형의 모기지 리츠회사를 소개할 것이다(주거용 담보대출, 상업용 담보대출, 모기지론 상환관리 서비스). 가장 먼저 '주거용 모기지 채권'에 투자하는 회사부터 소개한다.

주거용 모기지 채권이란?

미국 은행들은 일반인에게 대출해 준 수만 건의 부동산 담보대출을 하나의 대출증서처럼 만들어 투자회사에 판매하기도 하는데, 이를 '주거용 모기지 채권(RMBS: Residential Mortgage Backed Securities)'이라고 한다. 상업용 부동산 담보대출과 구분하기 위해 주거용(Residential)이라고 부른다(보통 모기지 채권이라고 하면 주거용을 말한다).

주거용 모기지 채권에는 2가지 유형이 있다. 하나는 주택금융공사 같은 기관(3개의 기관이 있다)에서 지급보증을 해주는 채권들로, 기관보증 채권(Agency 채권)이라고 한다. 사실상 미국 정부가 원리금 지급을 보장해 주는 채권이어서 안정성이 높은 채권들이다.

다른 하나는 민간 채권(Non-Agency 채권)들이다. 이들 채권은 미국 정부와는 전혀 상관이 없는 채권들이어서 안정성은 채권마다 각기 다르다. 2008년 금융위기를 야기한 '서브 프라임 모기지 사태'는 민간 채권(Non-Agency 채권)과 관련된 사태로서 신용등급이 떨어지는 부실대출 계약이 늘어나면서 금융위기가 발생했다(지금은 그때와 같이 부동산 경기 과열과 부실대출이 문제되는 상황이 아니다).

회사 소개

애널리 캐피털 매니지먼트는 주거용 모기지 리츠회사 중 제일 큰 회사로 시가총액 14조원에 120조원(1,130억 달러)의 자산을 운용하고 있다(운용자산 규모에서는 미래에셋자산운용과 비슷한 규모다). 이중 70% 이상을 공공기관이 보증하는 Agency 채권에 투자한다. 낮은 금리로 단기자금을 빌려 금리가 높은 모기지 채권에 투자하는 자산운용사라고 보면 된다. 현재는 주거용 모기지 채권에 집중되어 있는 수익구조를 다변화하기 위해 상업용 부동산 담보대출 등으로 사업영역을 조금씩 확대해 가는 중이다.

- 배당률 : 연 12.22%
- 주가 : 9.82달러
- 시가총액 : 14조원
- 종목코드 : NLY

미래에셋
자산운용과
비슷한 규모

담보대출 사업 NO.1 회사 애널리 캐피털 매니지먼트

배당 히스토리 | 2013년부터 배당금 유지 중

- 이 회사는 금융위기가 한창이던 2009년에 가장 좋은 실적을 기록하면서 배당금을 많이 인상했다. 당시 금융위기는 Agency 채권과는 무관했고 기준금리가 내려가면서 이자비용이 6천억원 넘게 줄어들었기 때문이다.
- 2010년부터 배당금이 감소하기 시작했는데 채권운용 실적이 부진했기 때문이다.
- 2013년 말부터 0.3달러의 배당금을 계속 유지하고 있다.
- 기준금리가 인상되면서 Agency 채권에 투자하는 모기지 리츠회사들의 이익이 줄어드는 추세다. Agency 채권들은 고정금리 채권이어서 기준금리가 인상되더라도 이자수입은 일정한 반면, 기준금리 인상으로 인해 자금조달 비용이 계속 늘어나기 때문이다. 따라서 Agency 채권에 투자하

는 모기지 리츠회사 종목들은 배당금 감소 가능성도 염두에 두어야 한다.

- 2018년 들어 주가는 9.7달러에서 11.7달러 사이에서 거래되었다. 2018년 말 주가는 9.82달러이며, 배당률은 연 12.22%다.

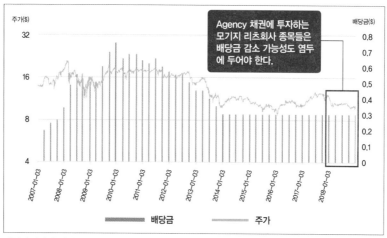

애널리 캐피털 매니지먼트 배당금과 주가 추이(2007년~2018년)

주요 지표

- 이자수입에는 큰 변화가 없으나 이자비용은 계속 늘고 있다. 기준금리 인상으로 자금조달 비용이 계속 늘어났기 때문이다.
- 모기지 리츠회사들의 배당 안정성은 순이자수익(Net Interest Income)을 통해 살펴볼 수 있다. 순이자수익은 모기지 채권에서 발생하는 계속적인 이자수입과 자금조달 비용(이자비용)의 차이를 보여준다(당기순이익에는 파생금융거래 손익과 실현/미실현 손익 등 1회성 이익들이 반영되어 있어서 배당 여력을 보기에는 적절하지 않다).

· 금리인상 기조가 다소 움츠러듦에 따라 이자비용 증가에 대한 우려가 다소 줄어들긴 했지만 순이자수익이 매년 감소하면서 배당성향이 계속 증가하고 있다.

· 부채비율과 배당성향도 높아지고 있어 배당금이 감소할 가능성도 배제할 수 없다. 따라서 이 회사에 대한 투자는 배당금 감소 여부를 지켜보면서 주가 급락 시점에 제한적으로 접근할 필요가 있다(안정성이 떨어지는 고배당주들은 저가 매수 관점에서 투자 여부를 판단할 필요가 있다. 배당금 감소폭보다 주가가 더 많이 폭락하는 경우가 있기 때문이다).

· 부채비율은 2018년 기준 645%로 높은 수준이다. 다만, 모기지 리츠회사들은 투자금액을 늘리기 위해 낮은 금리로 단기자금을 빌려서 사업을 하기 때문에 대부분 부채비율이 500~600%에 이른다. 이 회사만 유독 높은 것은 아니다.

■ 애널리 캐피털 매니지먼트 연도별 주요 지표

(단위 : 억 달러)

구분	2015년	2016년	2017년	2018년
이자수입	21.7	22.1	24.9	33.3
이자비용	4.7	6.6	10.1	19.0
순이자수익(Net Interest Income)	17.0	15.5	14.8	14.3
당기순이익	4.7	14.3	15.7	0.54
배당성향(순이자수익 기준)	71%	79%	91%	108%
부채비율	531%	599%	584%	645%

> 기준금리 인상으로 이자비용이 크게 늘고 있다.

* 연차 보고서(10-K)를 기준으로 재구성

아폴로 커머셜
리얼 에스테이트 파이낸스
(Apollo Commercial Real Estate Finance)

06

회사 소개

아폴로 커머셜 리얼 에스테이트 파이낸스(이하 '아폴로 커머셜')는 2009년에 설립된 모기지 리츠회사다. 이 회사는 대형 빌딩과 같은 상업용 부동산만을 대상으로 담보대출 사업을 한다. 2009년에 상장된 회사로서 임직원 없이 펀드 형태로 운영되며, 대출자산 운용은 아폴로 글로벌 자산운용이라는 사모펀드 전문운용사에서 담당하고 있다. 아폴로 글로벌 자산운용은 300조원의 자산을 운용하는 대체투자 전문운용사로서 한국의 기관투자자들을 대상으로도 사업을 활발히 하고 있다.

아폴로 커머셜의 전체 대출금액은 5.3조원으로 호텔, 오피스 빌딩 등을 대상으로 담보대출을 하고 있으며 평균 대출금리는 9.2%다. 또한 대출액의 90%가 변동금리 대출이어서 시중금리가 올라가면 이자수입이 늘어나는 구조다.

• 배당률 : 연 11.04%
• 주가 : 16.66달러
• 시가총액 : 2.4조원
• 종목코드 : ARI

한국
기관투자자와도
일하는 회사

아폴로 커머셜 리얼 에스테이트 파이낸스 홈페이지

배당 히스토리 | 2015년 이후 배당금 유지 중

· 2009년에 상장된 이후 2010년부터 3개월마다 정기배당을 하면서 3차례
배당금을 인상하였다.

· 2015년 말에 배당금을 0.46달러로 인상한 이후 현재까지 계속 유지 중
이다.

· 주가는 15달러에서 20달러 사이를 오가고 있다. 2018년 들어 미국 주식
시장이 하향 조정되고 있음에도 주가는 큰 변화 없이 안정적이다.

· 이 회사 주식의 78%는 기관투자자들이 보유하고 있다(애널리 캐피털 매니지
먼트는 기관투자자 비중이 59%다).

· 2018년 들어 주가는 16.7달러에서 19.5달러 사이에서 거래됐으며 2018
년 말 주가는 16.66달러, 배당률은 연 11.04%다.

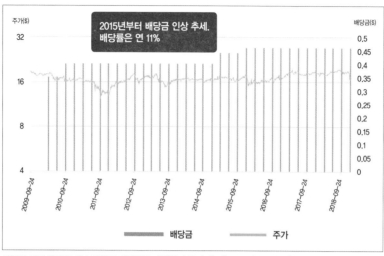

아폴로 커머셜 리얼 에스테이트 파이낸스 배당금과 주가 추이(2009년~2018년)

주요 지표

· 신주 발행을 통해 재원(자기자본)을 계속 늘리면서 대출자산을 확대해 가
고 있다. 이 회사 자기자본은 2015년 3조원에서 2018년에 5.5조원으로
늘어났다.

· 대출의 대부분은 제이피모건체이스 은행(45%)을 통해서 실행하고 있으며
부채비율도 100% 내외로 유지되고 있다.

· 상업용 부동산 모기지 리츠회사들은 주거용 모기지 리츠회사들보다 부
채비율이 낮은 편이다. 이 회사 부채비율은 100% 내외에서 큰 변화 없이
관리되고 있다.

· 2018년 순이자수익은 전년 대비 9.4% 증가했으며 배당성향도 90% 이내
에서 큰 변화 없이 유지 중이다. 현재 배당금이 유지될 가능성이 높다.

■ 아폴로 커머셜 리얼 에스테이트 파이낸스 연도별 주요 지표

(단위 : 백만 달러)

구분	2015년	2016년	2017년	2018년
이자수입	192.2	264.4	338.5	403.9
이자비용	48.9	63.8	78.1	114.6
순이자수익(Net Interest Income)	143.3	200.6	260.5	289.3
당기순이익	90.0	125.5	153.4	189.2
배당성향(순이자수익 기준)	76%	80%	86%	88%
부채비율	97%	80%	96%	103%

순이자수익이
매년 증가 추세

* 출처 : 연차 보고서(10-K)를 기준으로 재구성

아폴로 커머셜 리얼 에스테이트 파이낸스의 고정배당 우선주?

2012년에 발행된 이 회사의 C시리즈 고정배당 우선주(ARI-C)는 25달러를 기준으로 연 8.0%를 배당하고 있다. 이 회사의 우선주 배당금 지급액(2017년 380만 달러)은 당기순이익의 19%, 순이자수익의 14%에 불과하다. 매입권리 기준일(2017년 9월)이 지난 지 한참이지만 현재도 계속 거래 중이다. 아래 그래프는 시킹알파(seekingalpha.com)에서 조회한 우선주 주가 그래프다. 주가의 변동성이 높아 보이지만 주가 범위는 24.1달러에서 25.8달러 사이이다. 배당률로는 연 7.7~8.3% 사이이다.

* 2019년 6월에 매입권리가 행사되어 더 이상 거래되지 않는다.

07

뉴 레지덴셜 인베스트먼트
(New Residential Investment Corp.)

회사 소개

모기지 리츠회사 중 사업모델이 독특한 회사다. 이 회사의 사업내용은 크게 2가지로, 모기지론 상환관리 서비스와 모기지 채권 투자 사업으로 나눌 수 있다. 다른 모기지 리츠회사들과는 수익구조가 차별화되어 있으며 2013년에 상장된 이후 배당금을 조금씩 인상하고 있어, 주거용 모기지 채권에 투자하는 다른 회사들과는 대조적인 행보를 보여주고 있다.

모기지론 상환관리 서비스는 채무자한테서 원금과 이자를 수납해서 대출은행(대출회사)이나 모기지 채권 투자자에게 정산해 주는 오퍼레이션 업무다. 미국에서는 오퍼레이션 사업권(MSR : Mortgage Servicing Rights)도 시장에서 거래가 되며 대출잔액의 0.2~0.5%를 수수료로 받을 수 있다. 상환관리 서비스와 관련된 자산은 이 회사 자산의 50%를 차지한다.

다른 사업은 모기지 채권 투자와 관련된 사업으로, 회사 자산 중 10%는 Agency 채권에, 나머지 40%는 Non-Agency 채권과 그외 대출로 구성되어 있다.

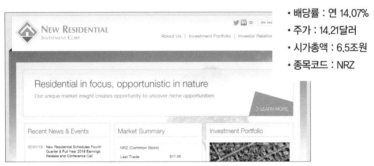

- 배당률 : 연 14.07%
- 주가 : 14.21달러
- 시가총액 : 6.5조원
- 종목코드 : NRZ

수익구조가 차별화된 뉴 레지덴셜 인베스트먼트

배당 히스토리 | 2014년 이후 정기배당금 4차례 인상

- 2014년 이후 정기배당금이 4차례나 인상되었다. 다른 모기지 리츠회사에서는 찾아보기 힘든 모습이다. 2017년 6월 이후부터 0.5달러의 정기배당금을 유지하고 있다.
- 2015년에 주가는 고점 대비 40%까지 하락한 적이 있다(1~3분기의 일회성 손실과 신주 발행에 따른 주식수 증가에 기인한다). 그러나 회사의 배당능력에는 문제가 없어 2015년 배당금은 전년에 비해 20% 이상 인상되었다.
- 2018년 들어 주가는 하락세를 보였다. 2018년 하반기에 신주가 또 발행되면서 주식수가 증가한 것도 한 요인이다.
- 2018년 주가는 14달러에서 18.7달러에서 거래됐으며 2018년 말 주가는 14.21달러, 배당률은 14.07%다.

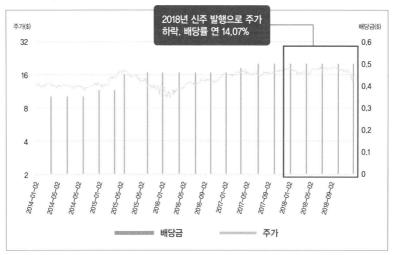

뉴 레지덴셜 인베스트먼트 배당금과 주가 추이(2014년~2018년)

주요 지표

· 모기지론 상환관리 서비스 사업권을 계속 인수하면서 이자수입이 크게 증가하고 있다. 2017년엔 이자수입이 전년에 비해 41%나 증가하였다.

· 2018년에도 이자수입은 계속 증가했으나 금리 인상에 따라 이자비용도 같이 증가하면서 순이자수익은 예년 수준을 유지하고 있다.

· 이 회사의 배당성향(순이자수익)은 69%로서 배당금의 안정성이 높은 편이다.

■ 뉴 레지덴셜 인베스트먼트 연도별 주요 지표

(단위 : 억 달러)

구분	2015년	2016년	2017년	2018년	
이자수입	6.45	10.77	15.20	16.64	
이자비용	2.74	3.73	4.61	7.14	
순이자수익 (Net Interest Income)	3.71	7.03	10.59	9.50	**배당금 안정성 높다**
당기순이익	2.69	5.04	9.58	9.64	
배당성향 (순이자수익 기준)	82%	62%	54%	69%	
부채비율	408%	430%	363%	421%	

* 연차 보고서(10-K)를 기준으로 재구성

······ 영문으로 찾아보기 ······

245

강남에 집 사고 싶어요

오스틀로이드 지음 | 17,000원

150만 부동산스터디 카페가 열광한 '오스틀로이드' 칼럼!

- 강남 거주 30년,
  워킹맘의 아파트, 교육, 투자이야기
- 10억으로 강남 아파트 사는 법,
  자식을 100억 자산가로 키우는 법 완벽 공개!
- 그래프도, 경제용어도 없다!
  왕초보가 추천하는 생활밀착형 부동산 수다!

부자의 계산법

민성식 지음, 민경남 감수 | 24,000원

나는 오르는 부동산에만 투자한다!

- 아파트, 빌라, 오피스텔, 단독주택, 꼬마빌딩까지
  돈 되는 부동산 감별법!
- 저작권 FREE! 엑셀 계산식으로 수익률 예측 OK!
- 복잡한 세금, 각종 비용 산출까지 완벽 분석!
- 왕초보를 부동산 고수로 만드는 최고의 책!

서울 연립주택 투자지도

이형수 지음 | 22,000원

서울 내집마련의 마지막 기회가 왔다!
5천만원으로 시작하는 신축아파트 투자법!

- 서울 연립주택 BEST 100 대공개!
- 대지지분, 용적률 등 돈 되는 알짜정보가 가득!
- 연립주택 4단계 투자법으로 왕초보도 간단하게!

부록 | 실시간 발품정보 '연립주택 AS 쿠폰' 제공

심정섭의 대한민국 학군지도

3개 학군 추가
전면개정

심정섭 지음 | 23,000원

자녀교육+노후대비 최고 해결사!
똑똑한 아파트 찾기!

- 학업성취도 100위 학교 철저분석!
- 우수학교 배정아파트 시세분석!
- 세종시, 강동, 용인 수지 3개 학군 추가 수록

★ 학군지도 3가지 효과 ·······························

1. **왕초보 엄마아빠도 학군 전문가로 변신!**
   '학교알리미' 사이트 200배 활용법 대공개!

2. **전국 명문학군 아파트 배정표+시세표를 한눈에!**
   전국 19개 명문학군 학교, 아파트, 학원가 철저분석!

3. **부동산 입지의 핵심 요소인 학군, 완벽 이해!**
   학군의 부동산적 의미와 저출산시대의 학군 전망!